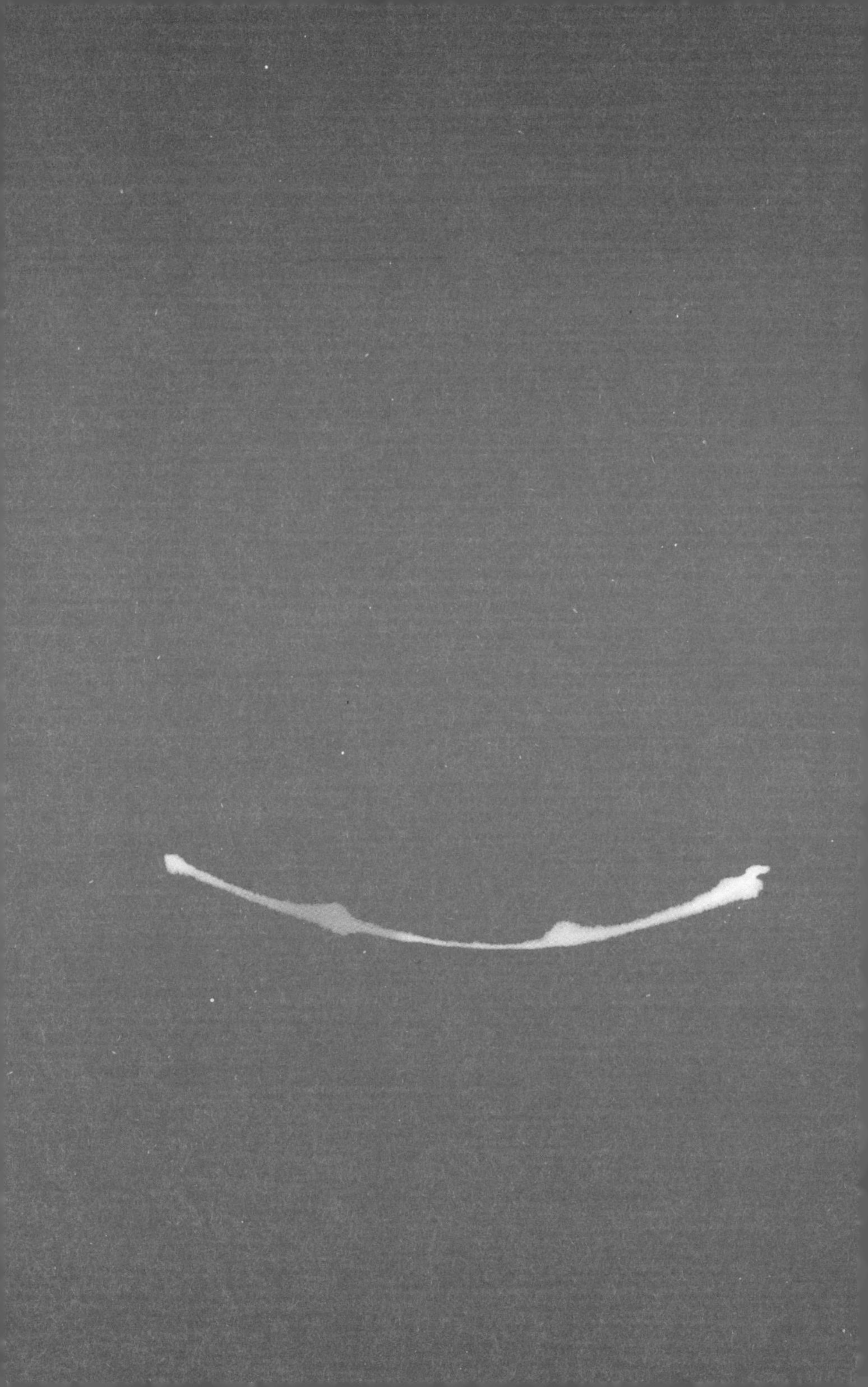

이야기 숲을 거닐다

민족사

책머리에

　생각해 보면, 나의 '이야기'에 대한 상상을 키워주신 분은 노모 老母와 고모할머니였다. 고모할머니는 홀몸이셨고, 가끔 '먼 곳'에 산다는 양아들이 오곤 했지만, 어린 기억으로도 별로 살갑지는 않았다. 할머니는 우리 집 바로 아래에 사셨기 때문에 적적하시면 언제든지 건너오셔서 노모와 잘 지내셨고, 가끔 밤늦게까지 우리들에게 옛날이야기를 들려주시기도 하셨다.

　노모는 땅 끝 마을을 거의 벗어나 보신 적도 많이 배우시지도 않았지만, 나와 세 살 터울의 동생에게 항상 이야기를 들려주셨다. 지금도 기억나는 것은 꼭 이야기를 시작하실 때면 "이야기 좋아하면 가난하게 산다"는 말씀을 하셨다. 그때는 이 말뜻이 몹시 궁금하면서도 흥을 깨면 다시는 듣지 못할 것 같아 한 번도 묻지를 못했었다.

　이야기를 좋아하면 왜 가난할까?
　노모께서 세상을 떠나신 지도 벌써 여러 해가 지났다. 대단한 중 노릇도 아니면서 임종도, 장례도 참석하지 못하고 이만큼의 세월이 도망치듯 기억에서 멀어져 가는 이즈음에야 난 '이야기' 와 '가난' 에 대한 의미를 떠올리며 머리를 주억거리는 것이다.

　우리는 세상을 진실만으로 살지는 않는다. 이 말은 역사와 개인의 삶의 사실 여부와 무관하게, 그것을 해석하고 받아들이는 사람에 따라 의미가 달라진다는 뜻이다. 삶은 이야기되는^{narrate} 것에 의해 비로소 단편적인 추억이 '구조화' 되고, 개인적인 추억이 '공동화' 된다. 개인의 삶이 공동의 가치가 될 수 있는 근거가 생기는 것이다.
　'이야기하다' 는 어원적으로 '모방하다' 에서 유래했다고 한다. 무엇을 모방하느냐면 삶의 경험쯤 되겠는데, 언어는 우리의 경험에 형태를 부여하고, 그것에 명료한 윤곽을 갖는 사건으로 그려 내어 타인에게 제시해 준다. 본인만이 접근할 수 있는 개인적인 '체험' 은 언어로 이야기됨으로써 '모두의 것' 이 되고 축적 가능한 지식이 된다. 이 과정을 거치면서 우리는 서로 닮아가고 배워가지만, 반대로 악용될 때에는 인간사회를 황폐하게 만드는 독이 되기도 한다.

　인간은 '이야기할 수 있는 동물' 이다. 더 정확하게는 '이야기하려는 욕망' 에 사로잡힌 존재인지도 모른다. 누군가에게 자신의 삶을 이야기하는 순간 이미 자신은 객관화되는 것이고, 내 이야기 속에 이야기를 비추고 있는 또 다른 나를 발견하게 된다. 이 '비춤' 이 종교적으로는 '사유' 이고, 보편적으로는 '성찰' 이 되는 것이다.

따라서 이야기를 좋아해서 가난하게 사는 것이 아니라 정말로 마음의 가난을 아는 사람만이 이야기를 들을 수 있다는 말이 된다.

이쯤에서 우리는 왜 종교마다 그토록 '잘 들음' 을 강조하는지 깨닫게 된다. 특히 동아시아의 노장사상에서는 '비움' 에 대한 철학을 이야기한다. 바로 '심재心齋' 인데, 이 마음의 가난이야말로 풍진 세상을 살아가는 지혜이면서 어떤 상황에서도 절망하지 않고 꿋꿋하게 버티고 나아갈 수 있는 보배창고라 하겠다.

어찌 마음의 가난뿐이겠는가. 몸도 돌릴 수 있어야 한다. 매사에 고집을 부리며 막다른 골목으로 자신을 몰아가는 사람은 몸을 돌릴 기회가 오지 않는다. '가난' 은 삶의 여백이자 빛이 모이는 빈 공간이다.

이 책은 우연하게 쓰게 되었다. 지난겨울, 출판사에서 시리즈로 출간 계획을 잡고는 병원의 환자들을 위한 책 집필을 의뢰해 왔다. 차일피일 미루면서 이 얘기를 지인들에게 했더니 뜻밖에 듣게 된 말은 "누가 병원에서 심난하게 책을 봅니까?" 였다. 그러면서 "어느 가정이건 아프지 않는 사람이 없으니 온 가족이 읽을 수 있는 책을 쓰면 좋겠다”는 말을 듣고는 생각한 것이 ‘옛날이 야기’ 내지는 ‘아름다운 이야기’였다.

　구성은 희기쁨·노분노·애슬픔·락즐거움 네 가지 주제, 내용으로는 각 문화권의 우화·신화·민담·종교, 그리고 영혼의 길을 갔던 사람들의 이야기에 내가 이해하는 만큼 사족을 붙인 것이다. 이 이야기들 속에서 인간과 동물, 동물과 자연, 동물과 동물 간에 대 화가 오가고, 그 속에서 삶의 교훈이 펼쳐진다. 그 교훈은 한 마 디로 ‘삶의 적절한 자세’이고 ‘지나치면 탈이 난다’는 암시이다.

　지금은 6월, 내가 사는 절 한쪽에 붉은 덩굴장미가 피었다. 몇 해 전 구파발에 가서 사다 심은 묘목 10그루 가운데 몇 그루 살아 남은 것들이 이때가 되면 예쁜 꽃을 피우는 것이다. 나에겐 훗날 시골에 내려가서 살게 되면 담장이 넘치도록 덩굴장미를 심으리 라는 오랜 꿈이 있다.

　가난한 환자가 끝내 “살고 싶다”는 말을 못한다고 한다. 난 아 직은 열심히 살고 싶다. 읽고 쓰고 이야기하며 즐겁게 살려고 한 다. 출판이 있기까지 모든 인연에 감사하며, 이 땅에 살아가는 모 든 이들이 행복하시길 두 손 가득 기원드린다.

2010년 6월 삼각산 일로향실에서 보경 합장

차례

哀 슬픔

樂 즐거움

기쁨

삶이 기쁜가.
삶에 분노하는가.
슬픈가.
아님 즐거운가.

삶의 심연을 들여다보면 결국은 희로애락 네 가지임을 알 수 있다.
이 넷은 서로는 통하는 것이요, 삶이라는 거대한 틀 속에 함께 살아가는 형제이다.

감자를 네 가지 색으로 표시하여 바구니에 넣고 꺼내도록 한다면
어떤 색의 감자가 올라올지 알 수 없다.

이럴 때 우린 운명이라 하던가!

첫 번째 이야기는 삶의 기쁨에 대해서이다.

거북의 꿈

장자莊子가 복수에서 낚시질을 하고 있었다. 그때 초나라 임금이 대부 두 사람을 보내 자신의 뜻을 전했다.

"나랏일을 맡아 주십시오."

장자가 낚싯대를 물에 담근 채로 말했다.

"내가 듣자하니 초나라에는 죽은 지 삼천 년이나 된 거북이가 있다더군요. 왕은 이 거북을 비단으로 싸서 상자에 넣고 사당 위에 잘 모셔 두었다지요? 이 거북이 죽어서 이런 대접을

받기를 원하겠습니까? 아니면 진흙 속에서 꼬리를 끌면서라도
살아 있고 싶겠습니까?"

두 대부가 대답했다.

"물론 진흙 속에서 꼬리를 끌고 다닐지라도 살아 있기를 바
랄 것입니다."

장자가 말했다.

"돌아가십시오. 나도 마찬가지랍니다."

동양사상에서 노자와 장자의 철학은 삶의 비어 있음을 응시
했던 데에 그 의미가 있다. 채우려 하고, 높아지려고만 하는
인간세 틈에서 그들은 세속의 욕망이 아니라도 정신을 함양하
며 가치를 드높일 수 있다고 본 것이다.

거북은 옛날부터 귀히 여겨져 왔다. 수명이 길기 때문에 장
수의 상징이 되어 왔고, 등껍질은 점을 치는 데 쓰였다. 거북
등을 불 위에 올려서 가열한 후, 한가운데에 송곳을 돌려 구멍
을 내기 시작하면 어느 순간 균열이 가면서 어떤 상징적인 모
양이 만들어지는데, 이것을 보고 길흉을 점쳤던 것이다. 그리
고 비단에 싸서 사당에 잘 모셔 놓는다 해도 이미 거북의 삶은

사라진 후이다.

이 이야기는 『장자 莊子』의 「외·잡편」에 실린 것으로 무엇이건 본성을 거스르는 것을 싫어함을 교훈으로 던지고 있다. 다음의 이야기를 보면 더욱 실감이 난다.

"오리의 다리가 짧다고 길게 이어주면 괴로워하고, 학의 다리가 길다고 잘라 주어도 아픔이 따른다. 본래 긴 것을 자를 일이 아니고, 본래 짧은 것을 늘일 일도 아니다. 어진仁 마음을 가진 사람들, 괴로움이 얼마나 많겠는가?"

본성을 이야기 한 것은 다만 겉치레로서 생명의 실질을 방해함을 경계하는 것이지 아무렇게나 방기하자는 것은 아니다. 장자가 말하는 자연의 도는 마음 가는 대로 두어도 그르침이 없는 경지이기 때문이다.

알맞으면 잊는다

발을 잊는 것은 신발이 꼭 맞기 때문이고, 허리를 잊는 것은 허리띠가 꼭 맞기 때문이고, 마음이 시비를 잊는 것은 마음이 꼭 맞기 때문이다. 『장자』 「달생 達生」

옛 현인들의 글이라 해서 어려울 것이 없다. 오히려 지금의 말과 글이 더 어지러우면 어지러웠지 옛글은 현란하지 않다. 도가 무엇인가? 도는 그 자체의 본성이다. 도를 알고 도에 맞으면 우리는 인식을 하지 못한다. 그래서 '자연'이다. 신발이 편하면 하루 종일 돌아다녀도 발을 모른다. 신발이 맞지 않는 것처럼 괴로운 것도 없다.

군대에 다녀온 사람은 누구나 경험하게 되는 것 중에 하나가 옷과 신발을 몸에 맞춰야 하는 일이다. 옷이야 그런대로 껴입어도 되지만, 군화는 발뒤꿈치가 가죽에 쓸리면서 살갖이 벗겨지기 때문에 여간 고통이 아니다.

또 여름철에는 무좀으로 고통 받기 일쑤인데, 나 또한 무좀에서 생긴 독으로 인해 걷지도 못한 적이 있다. 마침 한의학 전공자가 있어서 치료를 받았지만, 발가락 사이로 큰 침을 밀어 넣을 때는 정말이지 죽을 것만 같았다. 지금도 군화를 보면 그때의 일이 떠오른다. 보라, 맞지 않으면 말만 들어도 두려움이 생긴다.

인간세의 가장 힘든 것은 뭐니 뭐니 해도 사람 사이의 갈등이다. 세상이 불편하면 내 마음이 불편한 것이지 세상이 달리 무슨 의도를 가진 것은 아니다. 시비가 생긴다는 것은 내 마음이 불편하기 때문이다. 그것뿐이다. 마음이 고요하면 세상이 고요하다.

초기경전에서는 상대의 악의에 찬 공격이나 괴롭힘 내지는 험담에 대해서도 침묵으로 대하고 묵묵히 견딜 것을 자주 말씀하신다. 마음의 고요함이 세상을 견딜 수 있는 힘이다. 그리고 부득이 응대해야 할 때는 시간을 벌도록 하라. "화난 편지는 하루 묵히라"는 서양의 격언이 있다. 빠를수록 시비가 커지기 마련이다. 이것을 실천해 보면 심각했던 일도 한 번 웃는 것으로 넘어갈 일이 적지 않고, 매사에 의연하게 행동하는 자신을 발견할 것이다.

오래 묵혀보라.

관 안에만 있지 않다면

마을 사람들이 호자에게 물었다.

"장례행렬을 따라갈 때, 우리는 어느 쪽에 서서 걸어가야 합니까? 관의 오른쪽입니까, 아니면 왼쪽입니까? 그렇지 않으면 앞에 있어야 하나요, 뒤에 있어야 하나요?"

호자가 대답했다.

"관 안에만 있지 않으면 무엇이든 상관없네."

나스레딘 호자1208~1284는 13세기 터키 땅에서 살았던 인물이다. 당시 터키는 몽골의 침략으로 침울한 분위기였다. 그런데 이 호자라는 위인은 재치와 해학으로 주변 사람들의 의표를 찌름으로써 삶을 성찰해 보도록 하였다.

유대인들이 어떤 절망적인 상황에서도 유머를 잃지 않았다고 하듯이, 웃음은 삶의 희망이다. 희망이 있으면 굶어도 웃을 수 있다.

호자의 아버지는 이슬람교의 지도자였으며, 아버지가 돌아가신 후에 잠시 직업을 잇기도 했다. 그는 1237년 당시 유명한 학자였던 세이드 마흐무드 하이라니와 세이드 이브라힘 술탄을 따라 악셰히르라는 도시에 정착하면서 학문을 계속했다.

나스레딘 호자는 이 도시에서 여생을 보내다가 1284년 76세로 생을 마감하였다. 나중에 오스만 투르크 제국시대에 그의 무덤 자리에 능묘가 세워졌으며 오늘날에도 참배객들이 많이 찾는다고 한다.

1243년에 쾨세다 전투에서 셀주크 투르크 제국이 몽골에 패하고 아나톨리아 지역이 몽골의 영향권 아래 들면서 혼란의 시기가 시작되었다. 몽골의 침략을 피하여 이란, 이라크, 시리아 등지로부터 난민들이 밀려들었다. 이 영향으로 다시 내부 분열이 일어나고 관리들의 부정부패가 만연해지면서 백성들의 삶은 더없이 피폐해지고 있었다.

세상은 반전하는 힘이 있기 때문에 이런 혼란기일수록 문화적으로는 새로운 기운이 싹트고 있었으니 소위 '수피즘 sufism'이라 불리는 이슬람의 신비주의 운동이 전성기를 맞았으며 뛰어난 종교 지도자와 학자들이 배출되었다.

이런 뛰어난 인물들을 중심으로 제자들이 몰려들어 학파를 형성하였는데, 대표적인 인물이 메블라나 교단의 창시자인 잘랄룻딘 메블라나 루미와 벡타쉬 교단의 창시자인 하지 벡타쉬 벨리 등이다.

난 루미의 시집 몇 권을 가지고 있고, 자주 펼쳐보는 책 중의 하나이다. 이 이슬람 신비주의자들의 정신세계를 보면 종교와 문화를 초월하여 어떤 하나의 공통점을 발견하게 된다. 그것은 세상을 하나의 흐름으로 보는 지혜이자 영혼까지 물들어서는 안 된다는 가르침이기도 하다. 그들의 숭고한 종교적 헌신의 자세가 아름답기에 더욱 끌리는 것인지도 모르겠다.

　호자가 가난한 시골의 종교인으로서 사람들과 더불어 고민을 해결하고, 때론 그들을 즐겁게 함으로써 삶의 파고를 넘어가도록 응원하는 따뜻한 가슴을 읽는 것은 참으로 유쾌하다. 현대를 살아가는 우리는 무엇이 그렇게도 부족하다 아우성인지, 문명천지를 살아가는 오늘의 우리를 숙연하게 하는 지혜가 있다.

　한번은 이 이야기를 대중법회에서 한 적이 있었다. "개똥밭에 굴러도 이승이 낫다"는 말을 하는데, 갑자기 '소똥밭'인지 '개똥밭'인지 생각이 안 나서 대중에게 물었더니 그들도 의견이 반반이었다. 순간 떠오른 나의 답이 이랬다.

　"소똥이든 개똥이든 무슨 상관이겠소!"

반산보적선사

선사는 중국 당대唐代 사람이다. 이 선사가 깨달음을 얻게 되는 계기는 시장통에서였다.

어떤 사람이 고기를 사러 푸줏간에 가서 주인에게 말하였다.
"깨끗한 것으로 한 점만 주시오."
그러자 주인이 손질 중이던 고기에서 칼을 내려놓으며 물었다.

"이보시오. 대체 어느 것이 깨끗하지 않은 것이오?"
선사가 크게 깨달았다.

누구나 자기 것은 소중하기 마련이다. 남자들은 자신의 아이가 음식을 뱉어내면 먹지 못하는데, 엄마는 무엇이건 입에 넣을 수 있다 한다.

한참 전에 한 남자 신도가 아이가 먹다 뱉은 캐러멜을 입에 넣는 것을 보고 여자 신도들이 "보통 남자들하고 다르다"고 하는 말을 들었는데, 이유를 물으니 남자들은 그런 경우 절대 먹지 않는다고 했다. 가만 생각해 보니 나 자신도 마찬가지일 것 같았다. 사랑이 깊으면 깨끗하고 더러움을 생각지 않는 법이다.

이 선사에게는 또 하나의 재미있는 이야기가 있다.

선사가 어느 날 산문을 나섰다가 상여꾼이 요령을 흔들면서 "해는 틀림없이 서쪽으로 지는데 의지할 데 없는 이 혼령은 어디로 갈 것인가" 하고 만가를 부르자, 장막 아래에서 상주가

"아이고! 아이고!" 하며 곡하는 것을 보았다. 선사가 문득 쾌활해지는 것을 느꼈다.

부모 잃은 서러움을 말로써 표현할 수 있다면 그는 아직 슬프지 않는 것이다. 정말로 슬프면 혼절하고 마는 것이고, 그 다음이 눈물을 흘리거나 남을 의식하지 않고 곡을 할 것이다. 이 곡하는 소리가 더없이 진솔하게 느껴졌던가 보다.
보통 때는 눈물 몇 방울만 흘려도 눈이 뻑뻑해지지만, 정말로 슬프면 하루 종일 눈물을 흘려도 눈에 탈이 나지 않는다. 나도 하루 종일 눈물을 흘려본 적이 있다. 울려고 울었던 것이 아니라 그냥 그렇게 하루 종일 눈물이 났었다.

늦서리에 황국이 피어나는 시절이면
난 지금도 아프다.

나는 나

어질고 현명한 왕이 있었다. 이 왕이 하루는 신하들과 사냥을 나갔다. 해가 떨어지기 전에 궁궐로 돌아오리라는 계획을 세우고 나갔지만 사냥의 즐거움에 빠지다 보니 그만 숲 속에서 날이 저물고 말았다.

궁궐로 돌아가기가 어렵게 되자 왕은 불이 켜진 민가를 가리키며 그곳에서 하루를 쉬어가자고 했다.

신하들이 나서며 반대를 늘어놓았다.

"위대하신 왕께서 어찌 저런 누추한 곳에서 묵으신단 말입니까? 늦더라도 궁궐로 돌아가야 합니다."

그러자 왕이 말했다.

"저 집에 들어가면, 내가 백성이 되겠느냐 아니면 저 집이 궁궐이 되겠느냐?"

권위에 민감한 사람은 조금만 굽혀도 죽는 줄로 안다.

이 이야기는 참으로 익숙하다. '수피'는 '양털'을 뜻하는 '수프suf'에서 왔다. 양털 가죽을 걸치고 사막에서 수행하는 가난한 사람을 말한다. 수피가 되기 위해서는 잠시도 머무르지 말아야 한다.

부처님은 한 나무 아래서 하루 이상 머물지 말라고 하셨다. 인간은 한 나무에서 여러 날 묵는다면 땅을 고르고 나무를 치장하고도 남는다. 누가 그늘에 들어오면 주인 없는 나무임에도 불구하고 기득권을 주장하려 한다. 나무와 자신은 본래 상관이 없다. 이것이 집착이다. 철저한 나그네의 삶이 수행자의 길이다. 수행자는 길이 집이고, 길이 벗이고, 길이 자유다. 수피들도 이 길 위에서 끊임없이 여행하며 영혼의 자유를 노래했다. 음식은 철저히 얻어먹는다.

불교의 '비구'는 '걸식하는 사람'이라는 뜻이다. 하루 한 끼, 그것도 다섯 집까지만 돌아야 한다. 여기서 얻지 못하면 굶어야 한다. 그날 음식 먹을 인연이 사라졌다고 보기 때문이다.

이런 영혼의 사람은 남을 가르치려 들지 않는다. 스스로의 삶이 경전이고 설법이고 도량이다.

수피의 사랑은 일곱 가지 신비 체험을 바탕으로 한다고 한다.

감사하라.
참으라.
여행하라.
돌아보라.
믿으라.
즐기라.
해방하라.

수피들이 들려주는 우화를 읽는 일은 항상 즐겁다. 어떠한 삶의 질곡을 그들에게 내밀어도 그들 영혼의 밭에 들어가면 장미꽃이 된다. 사람들이 버리고 피하는 쓸모없고 험한 것일지라도 오히려 정원을 기름지게 가꾸는 거름이 된다.

수피뿐만이 아니다. 수행자는 영혼의 연금술사이다. 그들을 거치면 변화가 일어난다. 이야기가 들려주는 웃음이 바로 그들이 피워 올린 영혼의 꽃이다.

웃어야 한다. 웃을 때에야 비로소 삶이 경이로워진다. 그는 자신의 거처를 고민하지 않는다. 아무리 거친 음식일지라도 그들은 달게 받는다. 하긴 먹지 않아도 진리의 기쁨이 그들에게는 양식이다.

왕이면, 그는 세상에서 가장 많이 가진 자이다. 만약 뭔가 쫓기며 부족함을 느낀다면 그는 구걸하는 자이지 더 이상 왕이 아니다. 그는 더 이상 부유하지 않다.

그러나 마음이 부유한 자는 어느 곳에 머물러도 행복하고 즐겁다. 왕이 누추한 곳에 들어간다 해서 그곳이 궁궐로 변하지 않는다. 그렇다고 왕이 백성으로 떨어지는 것도 아니다. 왕은 여전히 왕이다.

많이 가지면 '살림'이라는 중력이 생긴다.

몸과 마음을 가볍게 하라.
더 오르려거든, 바람의 화신이 되도록 하라.

본질을 읽으라

어떤 사람이 낙타에게 물었다.

"너는 오르막길이 좋으냐? 내리막길이 좋으냐?"

낙타가 대답했다.

"오르막길 내리막길이 무슨 문제겠습니까. 중요한 것은 짐이랍니다."

사막에서 살아가는 사람들의 이야기에는 낙타가 많이 나온다. 서양 속담에 "빨리 가려거든 말을 타고 멀리 가려거든 낙타를 타라"라는 말이 있듯이, 낙타의 지구력은 대단하다. 오래 사는 것치고 호흡이 빠른 것은 없다. 낙타야말로 사막의 영혼이다. 사막을 넘을 수 있는 거의 유일한 동물은 낙타이다.

우화나 신화에서는 동물들이 말을 한다. 인간에게 중도의 교훈을 주는 것들도 그들의 입을 통해서이다. 그들의 말은 인간 스스로의 성찰에서 나오는 자기 내면의 소리이다. 이 성찰의 힘을 가진 사람은 동물의 마음을 읽을 수 있다.

유대인들은 말한다.

"마음이 가득차면 눈에 넘쳐난다."

이런 낙타는 스승이다. 그의 본질은 등에 진 짐일 수밖에. 낙타에 대한 이야기를 또 하나 알고 있다.

낙타 주인이 자기 낙타에게 춤을 추라고 시켰다. 그러나 낙타는 끝까지 춤을 추지 않고 버티면서 자신이 주인의 지시에 따르지 않는 이유를 말했다.

“주인님, 제가 춤을 추면 정말 가관일 겁니다. 춤은커녕 걸을 때조차도 보기 이상한 게 저 아닙니까?”

이 이야기는 이솝우화에 있다. 인간의 나약한 것 중에 하나가 ‘치켜세움’이다. 누군가 이유 없이 칭찬하고 나를 띄우면 경계해야 한다. 거기엔 필시 어떤 노림수가 있기 때문이다.

인간은 이익이 없으면 결코 남을 좋게 말하는 법이 없다. 이 낙타는 자신을 잘 알고 있는 경우이다. 귀에 솔깃한 말에 넘어가서 낭패를 보는 경우가 얼마나 허다한가. 그런데도 같은 잘못을 반복하는 인간의 숙명이 있으니……. 어렵다!

큰 즐거움은 작은 즐거움을 잊게 한다

이런 말을 들었다.

처음 LSD가 나왔을 때 놀라운 실험결과가 나왔다.

4명의 브릿지 선수에게 LSD를 약간씩 투여하고 게임을 시작하도록 했다.

카드를 돌리고 집어 들기는 했지만, 시간이 지날수록 동작을 멈춘 채 테이블 위의 카드를 바라보기만 했다.

게임은 이뤄지지 않았다.

심미적인 도취,
대상이 궁극적 존재가 되어버린 것,
내가 집착하는 것은 더 큰 것을 모르기 때문.

큰 즐거움은 작은 즐거움을 잊게 한다.
작은 즐거움으로는 큰 즐거움을 넘지 못한다.
세상을 보는 나의 눈이 문제다.
생각해 보라!
우주의 모든 것은 있을 자리에 있다.

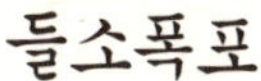

들소폭포

인디언 블랙풋족의 아름다운 이야기가 있다.

인간사회에 있어 신화는 중요한 기능을 한다. 종교만큼 교리를 깔고 있지는 않지만, 자연계의 모든 생명이 차별 없이 공존하는 지혜와 덕을 설파하고 있다. 불가피한 살생 같은 행위일지라도 인간에게는 심리적인 부담을 안게 하고, 인과의 물음을 던진다.

태고의 수렵사회의 경우, 인간과 동물 사이에 유대관계의 설정이라는 내포된 의미를 읽는 일은 동물과 인간뿐만이 아니라 인간과 인간 사이의 간격을 효율적으로 조율해 가는 지혜를 덤으로 얻을 수 있다.

즉 한 쪽이 다른 한 쪽을 잡아먹을 수밖에 없는 생존의 경우라면, 이 살생과 희생은 동일한 가치를 지닌다는 식이다.

삶의 능동이 있으면 수동이 있고 창조가 있으면 소멸이 따르는 보다 큰 의미의 우주적인 질서를 설정하고 있는 것이다. 살기 위해서 다른 생명체를 먹어야 하는 경우라도 그것이 결코 충동적인 행위가 아니라 삶의 불가피한 측면임을 이해시키고, 나에게 삶을 제공해 준 상대에 대한 행복한 생각이 희생물을 안녕에 들도록 유도한다. 바로 자연의 화합공생의 법칙에 대한 절대적 순응이다.

여기엔 상대에 대한 우월의식이 자리하지 않는다. 필요한 최소한의 생존을 위해 희생을 얻어내는 것이기 때문에 모든 행위 자체가 거룩한 신비의 이불이다. 고대의 신화 자체가 몸과 마음을 조화시킬 목적으로 빚어졌음을 기억하라.

블랙풋족은 들소를 절벽으로 유인하여 절벽 밑으로 떨어뜨림으로써 겨울 양식을 준비했다. 어느 겨울은 들소들이 절벽 끝에서 돌아서 버림으로써 겨울을 보낼 일이 심각한 상황이었다.

하루는 인디언 처녀 한 명이 아침 일찍 일어나 물을 길러 갔다가 무심코 절벽 위를 쳐다보았더니 들소 떼가 그곳에 있었다. 처녀는 무심결에 이런 말을 뱉고 말았다.

"그대들이 절벽에서 떨어져 주기만 한다면 내가 그대 중 하나에게 시집이라도 가겠다만…."

그런데 순간 들소 떼가 뛰어내리기 시작했다. 더욱 놀라운 것은 그 중에 샤먼 노릇을 하는 늙은 들소 한 마리가 처녀에게 걸어와 말했다.

"이제 나하고 가자."

처녀는 어처구니가 없었다.

"안 돼!"

그러자 들소가 처녀를 나무랐다.

"가야 한다. 우리는 약속을 했다. 우리는 약속을 지켰다. 우리 식구를 보아라. 저렇게 피를 흘리며 죽어 있지 않느냐. 그러니까 나하고 가야 한다."

처녀의 식구들이 아무리 찾아봐도 아이가 보이지 않았다. 땅의 발자국을 잘 읽는 인디언답게 아버지가 딸을 찾아 나섰다.

"들소와 함께 갔구나. 내 딸을 찾아 와야겠다."

아버지는 모카신을 신고 활과 화살을 챙겨 평원으로 나섰다. 얼마나 걸었는지 모른다. 잠시 지친 다리를 쉬고 있는데 까치 한 마리가 날아와서 딸이 들소들과 함께 있는 곳을 가르쳐 주었다. 아버지는 까치에게 자신이 가까이 와 있음을 알려 달라고 부탁을 했고, 까치는 들소 무리 속에서 옷을 손질하고 있는 처녀에게 소식을 전했다. 그러나 딸은 혹 발각이라도 되면 모두 무사하지 못할 것임을 알기에 자신이 빠져나갈 때까지 기다리고 있으라고 했다.

잠에서 깨어난 들소가 물을 길어 오라는 일을 시켜서 여울로 나가 보니 그곳에 아버지가 기다리고 있었다. 아버지는 바로 도망가자고 했지만 딸은 고개를 가로저으며 "위험하니까 수습할 시간이 필요하다" 하고는 들소 무리를 향해 돌아갔다.

그러나 또 다른 인간의 냄새를 맡은 들소들이 일시에 몰려가 인디언을 짓밟아 버렸다. 처녀는 슬피 울었다. 그러자 들소가 물었다.

"울기는 왜 우는가?"

처녀가 말했다.

"죽은 사람이 우리 아버지니까 울지."

그러자 들소들이 코웃음을 쳤다.

"우리는 어쩌겠나. 절벽에 떨어져 죽은 들소들은 우리 자식들이자 아내이고 부모들이다. 그런데 그대는 한 사람의 죽음을 놓고 슬퍼하는구나."

그러면서도 들소는 처녀가 애처로워 다시 말을 붙였다.

"좋다. 그대가 아버지를 살려 보아라. 그러면 돌려보내 주마."

처녀는 까치에게 아버지의 뼈나 살 한 조각이라도 찾아달라 했다. 까치가 물어온 것은 척추 한 조각이었다. 처녀가 뼈 조각을 땅에 묻고 담요를 덮은 다음에 생명을 소생시키는 노래를 불렀더니 그 속에서 사람이 솟아올랐다. 그러나 아직 숨까지는 쉬질 못해서 다시 노래를 더 불렀더니 완전히 살아나는 것이었다.

들소들이 놀라면서 처녀에게 말했다.

"왜 우리는 이렇게 해 주지 않았는가. 우리가 들소 춤을 가르쳐줄테니 우리 일족이 죽거든 그 들소 춤을 추고 노래를 불러다오. 그러면 우리가 다시 살아날 것이오."

신화에서는 노래와 춤이 삶을 다른 차원으로 들어가게 하는 의례이다. 이 새로운 차원에서 생명은 진화하며 다른 차원으로 들어갈 수 있고 그 들어간 곳을 통해 나올 수도 있는 것이다. 이 상호 교환이 자연의 법칙이다. 이 신성한 그들의 대지에서 백인들이 벌인 사람과 들소 떼에 대한 대학살을 자연은 기억할 것이다.

인디언들은 살아있는 모든 것을 "그대"라고
부른다 한다.
나의 상대역으로서의 존재라는 뜻이다.

딸을 낳기를 원하는 엄마의 기도

인디언들의 기도나 말들을 읽다 보면 존재란 홀로 이뤄지는 것이 아니고 눈에 보이는 것 외에도 차원을 달리하여 어떤 자연의 질서가 있음을 굳건히 믿고 있음을 알 수 있다. 이 초월적인 세계는 인간이 질서에 순응하는 만큼 보살핌을 받는다는 믿음의 상징이다.

그래서 그들은 서두르지 않으며 당장의 이익보다는 보다 먼 시간 후에도 이익될 수 있느냐에 더욱 관심을 가진다. 그들은

모든 것이 기도다. 나바호족의 딸을 낳기를 원하는 엄마의 기
도를 들어보라.

꽃가루 여자를 낳게 하소서.
옥수수 딱정벌레 여자 아이를 낳게 하소서.
오래 삶을 누릴 여자 아이를 낳게 하소서.
행복한 여자 아이를.
나를 둘러싼 행복 속에서
축복을 받으며 낳게 하소서.
아이가 더디게 나오지 않게 하소서.

꽃가루는 가벼운 영혼이다. 옥수수 딱정벌레는 또 얼마나
앙증맞게 생겼을까? 자신이 낳은 아이가 행복할 수 있다면 더
없는 행복이리라. 해산 중에 아무런 장애가 없기를 바라는 마
음이 진솔하기만 하다.
옛날에는 아이를 낳다가 잘못되어 죽는 경우가 많았으므로
이 기도는 절대 가벼운 기도가 아니다.
이런 영혼의 길에 사는 사람은 모든 만물을 대할 때 사람에

게 하듯 항상 말을 한다. 인간의 말이라 할지라도 각각에 깃든 정령은 알아듣는다고 믿는다.

"남자는 꿈을 갖고 있지만, 여자는 아이를 갖고 있다"는 인디언들의 말이 있다. 꿈은 이상이요, 아이는 현실이다. 그래서 여자가 남자보다 생명에 대한 집념이 더 강하다. 여성성은 땅이다. 씨앗을 뿌리면 땅은 결코 포기하지 않는다. 이것이 여성의 마음이다.

또 메스칼레로 아파치 족에게는 '생리를 시작한 소녀를 위한 기도'도 있다. 기도문은 이렇다.

넌 세상의 네 방향으로 달려갈 것이다.
땅이 큰물과 맞닿는 곳까지.
하늘이 땅과 맞닿는 곳까지.
겨울이 머물고 있는 곳까지.
달려라!
그리고 강해져라!
넌 부족의 어머니니까.

인간사회의 출발은 모계중심이다. 여성에게 결정권이 있었다. 부계로 넘어오면서 인간사회에 전쟁이 일어나기 시작했다. 여성들은 작은 다툼은 있어도 남성들만큼 투쟁적이지 않다. 오히려 더 빨리 친해지기 위해 노력하는 게 여성의 마음이다.

어머니는 강해야 한다. 견디는 힘이 없어서는 생명을 잉태하거나 길러내지 못한다.

다양한 원주민 사회에는 성인이 되면 치르는 의식이 각별하다. 생리를 시작하게 되면 여자아이는 마을에서 떨어진 움막에서 며칠을 나는 전통들이 있다. 이제 대지의 어머니로 거듭 태어남을 깊이 성찰하라는 의미이다.

또 아이를 낳는 경우에도 홀로 떨어져서 출산을 한 후에 마을로 돌아와야 한다. 이 긴박한 시간 동안 엄마와 아이가 대화를 하는 것이다. 인간은 깊은 성찰의 시간이 없으면 영혼의 고결함에 눈뜨기 어렵다. 명상은 자신을 인식하는 출발이다. 그리고 남자아이는 몸에 상처를 냄으로써 성인이 되었음을 상기시킨다.

여성에게는 평생 세 번의 연인이 있다고 한다. 어려서는 아버지가 연인이고, 자라서는 남편이 연인이고, 늙어서는 아들이 연인이다. 의지하고 보살핌을 받을 수 있다면 여성은 더없이 행복할 수 있다.

여성이 가지는 또 하나의 사랑은 음식이다. 아이는 음식으로써 엄마를 만난다. 그 음식 속에서 생명을 느끼고 성장하는 것이다.

신도들 얘기를 들어보면 아들이 먹을 것을 달라하면 밤중이건 새벽이건 기쁜 마음으로 음식을 준비하게 된다고 한다. 나는 이 말이 참으로 진실하게 들렸다. 음식을 장만하는 게 여성의 본능이고 사랑이다. 사랑하는 사람에게 음식을 장만하는 게 여성의 마음이라 했다.

하긴 "절집 인심은 공양간에서 난다"는 산중山中에 내려오는 말도 있긴 하다.

잊지 말라. 음식은 사랑이다!

사랑하면 새롭다

일본 고베의 한 절에서 있었던 이야기가 생각난다.

마틴이라는 미국 청년이 참선을 배우기 위해 이 절에 머물며 수행하고 있었다. 서양인들은 온돌문화가 없기 때문에 다리를 접고 앉는 좌선에는 많은 어려움이 있다. 그리고 음식도 적응하기가 쉽지 않다.

선방에서는 아침에는 부드러운 죽을 먹는 게 대체적인 관례이다. 나의 출가 본사인 송광사에서도 죽의 종류를 달리하여낸다. 죽에 깨·땅콩·잣·율무·야채 등을 넣으면 메뉴가 달라지고, 떡국도 자주 나온다.

이 서양 젊은이는 오트밀 정도는 먹어 보았겠지만 죽은 아무 맛이 없어서 먹기가 힘들었다. 그는 소매 속에 우유팩을 숨기고 들어가서 우유를 그릇에 넣으려 했다. 순간 운이 없게도 주지 스님과 눈이 마주치고 말았다.

그런데 주지 스님이 엄하게 혼을 내는 게 아니라 큰 소리로 웃는 것이었다. 젊은이는 이것이 용서를 받는 것이라 생각했던지 계속해서 아침마다 우유를 숨겨와서 죽에 넣어 먹었다. 그런데 놀라운 것은 스님은 매일 아침, 몇 달 동안을 항상 똑같이 웃었다고 한다.

80년대 초반 송광사에는 외국 스님들이 20여 명 넘게 참선 수행을 하고 있었다. 그때는 구산 큰스님이 계시던 때라서 수행의 분위기가 굉장했다. 스님께서는 외국인 제자들이 음식에 불편을 느끼는 게 안타까우셔서 광주나 순천에 다녀오실 때면 항상 그들을 위해 빵을 사오시곤 했다.

매일같이 똑 같은 것을 보고도
한결같이 경이로운 마음으로 볼 수 있는 것,
그것이 사랑의 마음이다.

역경보살 구마라집

구마라집鳩摩羅什, 343-413은 불교가 중국으로 전래되고 산스크리트어로 된 경전을 중국어로 번역하면서 불교가 정착되어 가는 과정에서 중요한 인물이다. 손오공과 저팔계, 사오정, 그리고 현장법사가 나오는 중국의 유명한 소설 『서유기』를 모르는 사람은 아마 없을 것이다. 이 현장법사도 인도에서 불경을 가져와 당시의 장안지금의 서안에서 경전 번역을 하였다.

현장법사와 함께 역경사에 업적이 혁혁한 또 한 분이 있으니 바로 구마라집이다. 지금 우리가 보는 『금강경』을 비롯하여 수많은 경전을 번역하였는데, 출생에서부터 기이한 이야기가 전해진다.

‘구마라집’은 중국말로 ‘장구한 수명’을 뜻하는 ‘동수童壽’라 하며 천축국天竺國 사람이고, 집안 대대로 나라의 재상을 지냈다. 구마라집의 조부 구마달다鳩摩達多는 뜻이 크고 기개가 있어 남에게 구속받는 것을 싫어했으며, 무리 가운데 매우 뛰어나 명성이 나라 안에 높았다.

아버지 구마염鳩摩炎 또한 총명하고도 지조가 있어서 곧 재상의 지위를 이으려고 할 즈음에 사양하고 출가하여 동쪽으로 파미르 고원을 넘었다.

구자국龜玆國 왕은 그가 영화로움을 버렸다는 소문을 들었고, 그를 매우 존경하고 사모하여 몸소 영접하고 청하여 그를 국사로 삼았다.

구자국 왕에게는 누이동생이 있었다. 그녀의 나이는 갓 스무 살, 사려 깊고 이치를 잘 알며 총명하고 민첩했다. 눈을 거쳐 간 것은 능숙하게 하고, 한 번 들은 것은 듣자마자 곧 외웠

으며 몸에 붉은 사마귀가 있었으니, 관상법에 의하면 슬기로
운 자식을 낳을 것이라고 알려졌기 때문에 여러 나라에서 그
녀에게 장가를 들고 싶어 했다.

그녀는 결혼에 뜻이 없었는데, 구마염을 보자마자 마음에
들었고, 결국 둘은 결혼하여 구마라집을 낳게 되었다. 놀라운
사실은 뱃속에 아이를 잉태하는 순간 구마라집 어머니는 갑자
기 저절로 30여개 국의 언어에 능통하게 되어 대답하기 어려
운 질문에도 반드시 깊은 이치를 끝까지 다 궁구해 내니, 대중
들이 모두 감탄하였다.

그 곳의 달마구사達摩瞿沙라는 아라한이 이런 예언을 하기도
했다.

"이것은 필시 슬기로운 자식을 잉태했기 때문이다."

그 후 구마라집이 출생한 뒤에 어머니는 곧 예전의 외국어
를 다시 잊어버렸다고 한다. 구마라집의 총명은 남달라서 일
곱 살 때는 하루에 천 개의 게송을 외울 정도였다.

대월씨국을 떠나 사륵국에 머물 때의 일이다.

하루는 구마라집이 절에 모셔 놓은 커다란 부처님 발우를

머리에 이었는데 이상하게도 가벼웠다.

'이 큰 게 왜 이렇게 가벼울까?'

이 생각을 한 순간 갑자기 발우가 무거워져서 도저히 머리에 이고 있을 수가 없었다. 급기야 비명을 지르며 내려 놓았는데, "웬 소란이냐?"고 어머니가 묻자 구마라집은 이렇게 대답했다.

"제 마음에 분별이 있어서 부처님 발우가 가벼웠다 무거웠다 합니다."

이때 나이가 열두 살 무렵이었다.

구마라집이 나이 스무 살에 이르자 왕궁에서 구족계具足戒를 받았다. 얼마 후 구마라집의 어머니는 구자국을 하직하고 천축국으로 가게 되어 이별에 임하여 구마라집에게 말했다.

"대승경전의 심오한 가르침을 중국에 널리 떨치도록 하여라. 그것을 동쪽 땅에 전하는 것은 오직 너의 힘에 달려 있을 뿐이다. 다만 너 자신에게만은 아무 이익이 없을 것이니, 어찌할까?"

구마라집이 대답했다.

"부처님의 도리는 중생의 이익을 위해 자신의 몸은 잊어버리는 것입니다. 만약 반드시 불법의 큰 교화를 널리 퍼뜨려 몽매한 세속을 깨닫게 할 수만 있다면, 아무리 끓는 가마솥에 들어가는 고통을 당한다 하더라도 한이 없을 것입니다.”

그 후 장안에 머물며 역경에 매진하던 구마라집이 임종 때가 되어 남긴 말이 참으로 숙연하게 한다.

“불법을 인연으로 서로 만났거늘 아직 내 뜻을 다 펴지 못하였다. 이제 세상을 뒤로 하려니 이 비통함을 무슨 말로 다하겠는가. 나는 어둡고 둔한 사람인데도 어쩌다 잘못 역경을 맡았다. 모두 3백여 권의 경과 논을 역출하였다. …… 아무쪼록 번역한 모든 경전들이 후세까지 흘러가서 다 같이 널리 퍼지기를 발원한다. 지금 대중 앞에서 성실하게 맹서한다. 만약 내가 번역하여 옮긴 것에 잘못이 없다면 화장한 후에도 내 혀만은 불에 타지 않을 것이다.”

위진僞秦: 前秦 홍시弘始 11년(409) 8월 20일 장안에서 파란만장한 천재의 삶이 마무리되고 곧바로 소요원逍遙園에서 외국의 의식에 따라 화장이 이뤄졌다. 장작이 다 타고 시신은 남은 게 없었으나 오직 그의 혀만은 생전 그대로 남아 있었다.

　구마라집 같은 뛰어난 능력을 보인 분이 없었다면 오늘날 여러 경전과 논서들을 만나기 어려웠을 것이다. 이처럼 자식을 낳아 기르는 데 있어서 부모의 염원이 훌륭한 자녀를 만나게 되는 인연이요, 결실을 맺게 된다.

　그래서 원인도 묘하고
결과도 묘하다[妙因妙果]고 하는 것이다.

　참된 경전은 진실을 잃어버리지 않는다[眞經不失眞]
는 말씀!

득실이 반반이다

랍비 한 사람이 여행을 떠났다. 그는 길벗으로 나귀 한 마리
와 개 한 마리, 그리고 램프를 가지고 있었다.

날이 어두워지자 그는 외딴집 헛간 한 채를 얻어 그곳에서
하룻밤을 묵기로 했다.

여장을 풀었지만 잠들기는 아직 이른 시간이었다. 그는 램
프를 밝혀놓고 책을 읽기 시작했다. 그런데 돌풍이 불어와 램
프의 불을 꺼뜨리고 말았다. 책을 덮기는 아쉬웠지만 다음에

보기로 하고 잠을 청하였다.

그런데 잠이 든 사이 밤이 깊어서 참사가 벌어졌다. 어디선가 여우가 나타나 그의 개를 물어가 버렸다. 또 나귀는 사자가 죽여 버렸다. 아침이 되어 이 사실을 알게 되었지만 그렇다고 여행을 중단할 수도 없어 남은 램프 하나만 들고 길을 떠났다.

길을 나선 지 얼마 지나지 않아 마을이 나타났다. 그런데 마을 한복판에 들어섰는데도 사람을 발견할 수 없었다. 그는 비로소 간밤에 무슨 일이 있었는지 짐작할 수 있었다. 도적떼가 마을에 들어와 초토화 시켰던 것이다.

만약 램프가 꺼지지 않았다면 그 불빛을 보고 그를 찾아왔을 것이다. 그리고 개가 살았다면 개 짖는 소리로도 도둑들이 몰려왔을 것이고, 나귀 또한 소란을 피웠을 것이다. 그는 결국 자신이 가진 것을 모두 잃어버린 까닭에 살아남을 수 있었던 것이다.

그가 훗날 그 일을 떠올리며 제자들에게 말했다.
"아무리 최악의 상황일지라도 희망을 잃지 말라. 나쁜 일이 오히려 좋은 결과로 변하기도 한다."

　삶은 우연적인 면과 필연적인 면이 있다. 나고 죽음 같은 것은 필연에 속한다. 병이 드는 것도 어쩔 수 없다. 몸은 결국 쇠하기 마련이니까.

　그러나 살아가는 데 있어 실로 많은 부분은 마음을 어떻게 먹느냐에 따라 길흉화복이 달라진다. 삶의 즐거움이란 것은 완전히 인간의 삶에 속하는 것이고 매우 정신적인 것이며, '너와 나'의 즐거움이다. 이 '즐거움'은 '기쁨'보다는 상위의 개념이다. 기쁨은 자기 자신의 실천에 관계되지만, '즐거움'은 인간 세상, 더불어 살아가는 데에서 생겨나는 정서이다. 사람 사이의 진정한 우정이 중요한 것은 관계의 믿음과 즐거움을 안기기 때문이다.

　일은 반드시 득실이 있다. 그런데 득실이 따로 떨어져 있는 게 아니라 득 속에 실이 있고 실 속에 득이 있다. 이 말은 액면 그대로의 득실에 매몰되지 말고 그 이면의 반작용을 헤아려 보라는 뜻이다.

　이 세상에 절대적인 득실은 없다. 화가 복이 되기도 하고, 복이 화가 되기도 한다. 문제는 그 득실을 바라보는 나의 자세이다. 동양의 정신은 인간세의 득실이란 것이 언젠가는 반전

될 때가 있으니 크게 낙담하거나 우쭐대지 말고 길게 보라는 것이다. 삶을 포기하지 않는 것이다. 삶에 끝은 없다. 흔히 죽으면 끝이라고 생각하지만 죽어도 바쁘다. 다시 다음 인연이 기다리고 있다. 마치 손님을 기다리는 여관의 주인처럼.

민들레 연가

봄꽃 중에 특이한 것은 민들레다.

이 강인한 식물은 여행자를 닮았다.

이들은 아무 곳에나 뿌리를 내리고 살아가지만 그곳이 결코
자신의 집이라고는 못 박지 않는다.

그들은 항상 떠나야 하는 숙명을 안고 있다.

떠밀려 다니는 솜털을 누가 반기겠는가?

미움에 자신을 맡기는 어리석음을 좋아하지 않기에

바람 좋은 날, 그들은 여행을 떠난다.

몸이 무거우면 떠나지 못함을 알기에 최대한 가볍게 하여 하늘로 오른다.

그뿐, 바람만이 그들이 가는 길을 알 뿐이다.

민들레가 예견한 운명

그들이 소유할 수 있는 세계가 없다는 것을 안다.

떠다니다 바람이 멈춰 땅에 내려서면 그들의 역사가 시작된다.

그렇게 자리를 잡으면 다음 여행까지는 뿌리를 깊이 박고 흔들리지 않는다.

자기 영역을 사수하는 고양이과 동물을 닮았다.

자유와 집념.

민들레가 보여 주는 정신이다.

나에게 있다면 남에게도 있다

난 이슬람 신비주의자이며 시인이었던 루미를 좋아한다. 그의 시와 글을 읽으면 세상이 그렇게 경이로울 수 없다. 이것은 그 자신이 세상을 그렇게 보았다는 의미이기도 하다. 그의 낮고 소박한 음성은 항상 영혼의 휴식을 준다.

그는 시인이면서도 추종자들로 인해 교단적인 성격을 보였는데, 이는 일찍이 어느 시인도 누려보지 못한 영광이었다.

루미는 1207년 9월, 아프가니스탄의 발흐에서 법관과 종교

학자로 이름난 집안에서 태어났다. 그의 아버지는 수피였다. 당시 오스만 제국은 안으로는 종교적 방종과 정치적 쇠락, 밖으로는 기독교 침략자들과 칭기즈칸의 몽골 군대와 맞서야 하는 시기였다.

루미는 전란을 피해 아시아의 작은 왕국들과 아라비아를 떠돌다 이란의 니샤푸르에서 페르시아의 위대한 수피 시인인 아타르를 친견하였다. 아타르는 알아보았다.

"이 소년이 장차 위대한 사랑의 문을 열 것이다."

제자가 스승을 찾는다는 말은 맞지 않다. 제자는 아직 눈이 없는데 어떻게 스승을 알아볼 수 있겠는가. 오직 스승이 제자를 찾을 뿐이다. 제자가 있으면 스승이 찾아온다.

루미가 스승을 달리해 가며 영적인 깊이를 더해가자 추종자들이 모여들기 시작했다. 이 교단은 중동의 거의 전 지역까지 번져갔다. 이들의 기도의례는 지크르 반주에 맞춰 오른발로 빙글빙글 돌면서 춤을 추는 단순한 방법이다.

1925년 9월, 터키의 공화정 정부 법령에 따라 모든 수피교

단을 해체시키면서 지금은 거의 명맥만 유지되는 실정이다. 루미는 거의 30여 년을 시와 우화를 통해 이슬람문학의 정수를 꽃피웠다. 그의 영적인 시와 풍자는 끊임없는 자기 부정을 통해 신성을 회복하라는 가르침이다.

그가 아이 적에 엄마로부터 들은 짧은 이야기 하나.

"밤에 무덤가를 지나다가 귀신을 만나면, 그놈을 향해 뛰어들어라. 그러면 귀신이 도망간다."
어린 나는 되물었다.
"그런데 만일 귀신의 엄마도 같은 방법을 알려 주었다면 어쩌지요? 귀신도 엄마가 있을 텐데."
"……."

나에게 있다면 남에게는 없으랴!

빗더미의 수피

달이 밝은 밤,

열 번째 집을 지나는 달이 저 아래서 짖어대는 개 소리를 들을 수 있을까요?

개들은 그저 짖을 뿐.

지푸라기 하나가 떠내려간다고 물이 자신의 맑음을 잃지는 않습니다.

새벽까지 강둑에서 술을 마시는 저 왕의 귀에는 물 소리가 들려주는 음악만이 들릴 뿐, 개구리 소리는 들리지 않습니다.

다시 루미의 이야기에 귀를 기울여 보라.

　한 장로가 있었다. 임종에 다다라서도 빚은 계속 늘어났는데, 부자들에게 돈을 빌려 가난한 수도승들에게 나눠 주고, 수피를 위한 수도원도 지었다. 임종이 가까워오자 빚쟁이들이 둘러앉았다. 모두 얼굴이 노랗게 변해갈 수밖에.
　그때 창 밖에서 꼬마 하나가 빵을 사라며 소리를 지르고 있었다. 장로는 제자에게 빵을 몽땅 사오라고 했다. 빵이라도 먹이면 좀 누그러들 것 같아서였다. 꼬마의 빵은 금화 반 냥이 넘는 가격이었지만, "수피에게는 좀 깎아서 반 냥으로 하자" 해서 절충을 보았다. 바구니는 금방 비었다. 빵장수 꼬마가 장로에게 금화 반 냥을 달라했다. 장로가 말했다.
　"내가 그런 큰돈이 어디 있겠니? 이 사람들이 내가 진 빚을 알고 있다. 게다가 난 곧 무無로 돌아간단다."
　꼬마는 바구니를 집어 던지며 통곡하기 시작했다. 속아서 빵을 잃게 된 분노를 쏟아놓기 시작했다. 장로는 눈을 감고 아무

말도 하지 않았고, 꼬마는 오후 기도시간까지 울음을 그치지 않았다.

꼬마의 빵 값은 별 것 아니었지만 어느 누구 하나 값을 치러 주지도 않았다. 그런데 오후 기도시간에 장로의 친구이자 큰 부자인 하팀이 바구니를 하나 보내왔다. 거기에는 빚을 갚을 만한 4백 냥의 금화와 별도의 종이에 싼 금화 반 냥이 들어 있었다.

그때에야 사람들이 아우성을 멈추고 탄식했다. 놀라기도 하고 다행스럽기도 했다. 장로가 말했다.

"신에게 구하는 비밀스런 방법이 있습니다. 바로 저 꼬마가 우는 것과 같습니다. 자비와 사랑은 끝이 없습니다. 저 꼬마가 당신들 눈 속의 눈동자가 되게 하십시오. 영혼의 장엄한 의복을 원하는 자는 그 눈동자에 갈망을 담아 울면 됩니다."

빵을 잃게 된 꼬마의 집요함을 생각해 보라. 아이일수록 자신이 원하는 것을 손에 넣기 전까지는 결코 포기하지 않는다. 엄마의 젖을 구하는 아이도 그렇다.

충남 논산의 관촉사에는 미륵부처님이 계신다.

절 아래에 채마밭을 가꾸며 살아가는 아낙네가 있었다. 하루는 밭에서 일을 하는데, 밭두렁에 앉혀 놓은 아이가 자꾸 젖을 달라고 보채는 것이었다. 엄마가 아이를 떼어 놓을 생각으로 무를 하나 캐어 주며 "저 부처님이 무를 받으면 젖을 주겠다"고 했다.

한참 아이 생각을 놓고 일에 몰두하고 있는데 다시 아이가 나타나 젖을 달라했다. 그런데 손에 들려준 무가 보이지 않는 것이었다. 엄마가 이상한 생각이 들어서 아이를 데리고 절에 올라가 보았더니 그 높은 부처님 손에 무가 들려 있었다. 아이가 젖을 먹고 싶은 생각에 부처님께 가서 "자, 무~~우" 하자 부처님이 손을 뻗어 받으셨던 것이다.

우리는 소원이 많아서도 탈이고, 못 믿어서도 탈이다.
방법이 하나 있겠다.

소원을 줄이든지, 아니면 믿든지 말이다.

자주 설법을 청해 듣는 이익

부처님께서 사밧티 기원정사에 계실 때의 일이다. 어느 날 부처님은 수행자들에게 자주 설법을 청해 듣는 공덕에 대해 이렇게 말씀하셨다.

"설법을 자주 청해 들으면 다섯 가지 공덕이 있다. 어떤 것이 다섯 가지 공덕인가.

첫째, 일찍 듣지 못한 것을 들을 수 있다.

둘째, 이미 들은 것을 외울 수 있다.

셋째, 소견이 삿된 곳으로 기울어지지 않는다.

넷째, 여우처럼 의심하던 것이 사라진다.

다섯째, 깊고 깊은 뜻을 바르게 이해하게 된다.

자주 설법을 청해 들으면 이와 같은 다섯 가지 공덕을 얻게 되느니라. 그러므로 수행자들이여, 그대들은 자주 설법을 청해 듣는 일을 게을리하지 말라. 이렇게 하는 것이 바르게 수행하는 길이니라."

증일아함 28권 제36 〈청법품〉 제1경

설법을 듣는 공덕에 대한 말씀이다.

바른 가르침을 갖게 되는 다섯 가지 이익을 살펴보면 순차적인 진행이 있음을 알 수 있다.

일찍이 듣지 못한 것은 진리의 새로운 경험이다. 바른 가르침은 언제나 새롭고 즐겁다. 배우는 즐거움은 모든 것에 통한다. 또 자주 들으면 외워지게 마련이다. 이 반복이 삶의 변화를 가져오는 묘한 비결이다.

기도도 그렇고 모든 일에 있어 향상을 가져오려면 되새기고 반복해야 한다. 불교에서는 기도가 자기 소원을 말하는 데 그치지 않고 그 기도를 이루기 위해 자신이 구체적인 실천을 하라고 한다. '관세음보살' 같은 불보살님들의 명호나, '옴 마니 반메훔' 같은 진언眞言을 반복하여 외우는 것이다. 이런 노력이 있어야 스스로에게 변화가 일어난다.

그런 후에 삿된 소견이 사라지고, 의심이 사라짐으로써 불법을 바르게 이해하는 궁극의 단계로 나아갈 수 있다.

이익이라는 것은 자신이 이런 단계를 거쳐가면 실제적으로 행복감을 갖게 된다는 뜻이기도 하다. 수행과 바른 신행은 반드시 좋은 결과를 가져온다는 믿음이 있어야 한다.

산책길에서건 어디서 누구를 기다리는 동안에도 '관세음보살'이나 '다라니'를 외워보도록 하라.

삶이 지루할 시간이 어디 있겠는가?

유머를 잃지 말라

당나귀를 타고 어디론가 급히 가던 호자가 그만 당나귀 등에서 떨어지고 말았다. 그 모습을 본 동네 아이들이 몰려와 깔깔대고 웃으며 놀려댔다. 그러자 호자는 아무 일 없었다는 듯이 옷을 툭툭 털고 일어나며 말했다.

"웃지 마, 이 녀석들아. 떨어지지 않았어도 어차피 내릴 생각이었어."

어떤 상황에서도 자신을 절망적으로 보지 않고 그 속에서 여유를 찾을 수 있는 사람은 영혼이 성숙된 사람이다. 매사에 불평하고 짜증내고 남을 탓하는 사람은 영혼의 단계에서는 아직 유아기를 벗어나지 못한 것이다.

나는 이 이야기를 읽으면서 호자가 좋아졌다. 생각해 보라. 자신의 실수를 두고 아이들이 몰려와 놀려대면 화가 날 법도 하건만, 그는 이 아이들에게 유머로써 최소한의 체면을 지키고 있다. 그의 따뜻한 가슴이 읽는 이로 하여금 웃음짓게 한다.

법정 스님께서도 주변을 즐겁게 해 주는 유머가 넘치셨다.

돌아가시기 불과 얼마 전에 담당의사가 와서 "스님 어디 불편하시지 않습니까?" 하자, 스님은 "내가 불편하니까 여기 있는 거 아니오?" 했다는 것이다.

이런 면은 글이나 대중 법문에서도 마찬가지였다.

한 번은 아는 거사가 골프를 하다 공 대신 땅을 치는 바람에 몸이 결려서 운동을 못하고 있다는 말을 듣고는 "작은 공을 놔두고 큰 공을 쳤다"며 좌중을 웃게 만드시기도 했다. 공은 둥

그니까 둥글기로 하면 지구도 큰 공이지 않겠는가.

　남에게 웃음을 선사하고 즐겁게 하는 것은 큰 공덕이다. 이런 게송이 있다.

　　성 안 내는 그 얼굴이 참된 공양구요
　　따뜻한 말 한 마디 미묘한 향이로다.
　　깨끗해 티가 없는 진실한 그 마음이
　　언제나 한결같은 부처님 마음일세.

남을 즐겁게 할 수 있다는 것은
내 마음이 그만큼 여유 있고 행복한 상태라는 반증이다.
행복한 사람만이 남을 행복하게 할 수 있다는 말씀.

 분노

이건 참 곤란한 말이다.
누가 누구를 미워한단 말인가.
이 세상에 남을 미워할 권리를 가진 사람은 없다.
남을 보는 순간 남 또한 나를 보고 있으니까.
노여움은 지금까지의 모든 관계를 원한으로 돌리는 무서운 질병이다.
노여움은 분노이자 질시의 감정이다.
이 감정은 다스리기가 어렵다.
끓고 있는 물 위의 뚜껑처럼
불을 줄이지 않으면 계속 넘쳐나고
물이 다 증발하여 모든 것이 다 사라진 후에야 후회한다.
하지만 이미 늦어버린 일!
수증기는 본질이 아니다.
물이 나의 존재이자 본질이다.
물을 끓게 두지 말라.
분노라는 불을 잘 조절해야 삶의 평화와 질서가 온다.
감정을 미리 다스리라.
심호흡을 하고, 본질을 응시하라.
삶 자체가 해프닝이다.

이제 노여움을 다스리는 여행이다.

노여움으로부터 떠나라.
여행을 떠나는 나그네는 짐이 가벼워야 한다.
현지에서 조달하며 오랜 시간 여행하는 사람은 얼마든지 넘쳐난다.
내 것을 짊어지고 다니지 말라.
여행지에서 순간순간 구하라.

사실 다스릴만한 노여움 자체도 놓아버리라.
그것이 최상의 다스림이다.
존재는 참을 수 없이 가벼운 거니까!

알맞게 먹으라

부처님이 사밧티의 기원정사에 계실 때의 일이다. 어느 날 오후 코살라 국의 파세나디 왕이 부처님을 찾아왔다. 왕은 숨을 가쁘게 몰아쉬며 몹시 힘들어했다. 부처님은 그에게 무슨 까닭이냐고 물었다. 그러자 파세나디 왕은 머리를 긁적거리며 이렇게 말했다.

"부처님, 사실 저는 맛있는 음식을 보면 참지 못하고 숨이 가빠질 때까지 과식하는 버릇이 있습니다. 조금 전 점심 때도 참지 못하고 말았습니다. 많이 먹으니까 살이 찌고 조금만 움직여도 힘이 듭니다. 이제는 몸이 귀찮게 생각됩니다. 무슨 좋은 방법이 있습니까?"

부처님께서 빙그레 웃으시며 게송으로 말씀하셨다.

사람은 마땅히 음식의 양을 헤아려
먹을 때마다 절제할 줄 알아야 한다.
그래야 과식에서 오는 괴로움을 줄이고
건강도 하고 장수할 수 있으리라.

왕은 옆에 있는 시종인 웃타라에게 식사할 때마다 옆에서 이 게송을 외워달라고 했다. 왕궁으로 돌아온 왕은 식사 때마다 시종이 외워주는 부처님의 가르침을 실천해가기 시작했다. 그리고 실제적으로 음식의 양을 줄여가기 시작했다.

그렇게 시간이 지나자 몸이 가벼워지고 기분도 상쾌해지면서 표정도 전보다 밝아지는 것이었다. 왕은 스스로 몹시 만족해하며 부처님 계신 쪽을 향하여 무릎을 꿇고 합장하며 말했다.

"부처님은 저에게 현세의 이익과 후세의 이익을 다 주셨습

니다. 음식의 양을 조절케 하여 살이 빠지게 했으니 현세의 이
익을 주신 것이요, 또한 중도의 법을 알게 하셨으니 현세와 후
세의 이익을 함께 주신 것입니다."

잡아함 42권 1152경 〈천식경〉

음식에 대한 욕심을 '식탐'이라고 한다. 이것도 탐욕의 하
나이다. 그런데 다른 탐욕은 채우려면 시간이 걸리고 당장 이
뤄지기 어려운 경우도 있지만, 음식에 대한 욕구는 매 순간 마
주하는 것이기 때문에 다스리기가 쉽지 않다.

탐욕은 갈증의 현상이다. 욕심을 채우기 위해 골몰하는 사
람은 흡사 굶주린 사람과 같다. 심신이 쾌활하려면 가장 우선
적으로 해야 할 일은 음식을 적당히 먹는 것이다.

수행에서는 절대적으로 음식에 대한 욕구를 다스리라고 한
다. 먹지 못해서 오는 병보다 너무 넘쳐서 오는 병이 훨씬 많
다하지 않던가.

옛날 설이라고 하는 사람이 감기를 심하게 앓던 중에 잠깐
잠이 들었다가 꿈을 꾸었는데, 꿈속에서 그는 물고기가 되어

있었다. 물 속을 유유히 헤엄치며 즐겁게 놀고 있다가 눈앞에 낚싯바늘이 있는 것을 발견했다. 물고기는 이 바늘이 얼마나 무서운지 알기 때문에 기겁을 하며 멀리 떨어졌다.

그런데 자꾸 바늘에 꿰어져 있는 미끼가 마음을 흔드는 것이었다. 도망가려 하면 할수록 미끼가 더욱 달콤하게 느껴져서 견딜 수가 없었다.

처음엔 잠깐 맛이나 볼까 했다가 자신도 모르게 덥석 물어버리고 말았다. 순간 물고기는 허공으로 자신의 몸이 따라 올라가는 것을 느낄 수 있었다. 짧은 순간에도 후회를 하며 발버둥을 치다가 잠에서 깨어나 보니 온몸에 땀이 흥건히 젖어 있었다.

그래서 "세 살 먹은 아이도 알긴 알지만,
팔십 먹은 노인도 행하기는 어렵다"고 하는 것이다.

뱀과 농부

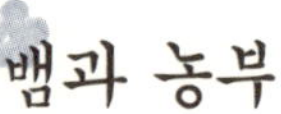

이솝우화에는 동물의 비유를 들어 인간의 삶을 경계하는 이야기가 가득하다. 어렸을 때부터 가장 흔하게 읽는 책이라서 누구나 웃고 넘긴 기억이 있을 것이다.

초등학교 수업시간에 선생님이 우화를 소개하고는 그것이 무엇을 의미하는지 발표해 보라 한다.

지금도 이런 우화를 읽다 보면 가끔 수업시간에 발표해 보라는 지적을 받고 더듬거렸던 기억속의 이야기가 더러 있다.

그런데 그 쉽고 바보 같은 이야기들이 아직도 내 삶의 한 켠에는 미완의 문제로 남아 있음을 알게 될 때는 '나는 이날까지 무엇을 하고 살았단 말인가' 하고 뉘우칠 때가 한두 번이 아니다. 한편의 우화를 통해 개인과 사회의 문제를 얼마든지 풀어 볼 수 있다. 이 방식은 여전히 닳지 않는 지혜의 창고이다.

『이솝우화』의 원작자는 이솝이라는 사람이다. 생애가 확실하지 않으나 전해지는 바로는 기원전 6세기 전반에 그리스에서 활동한 것으로 보고 있다.

그는 사모스의 시민 이아드몬의 노예였으며, 델포이에서 그곳 사람들의 손에 죽임을 당하였다. 호메로스의 「서사시」가 영웅과 귀족의 문학이라면, 이솝의 우화들은 학대받는 민중의 문학이라 할 수 있다.

어떤 종교나 사상적 규범에도 얽매이지 않으면서 인간생활의 지혜를 풍자하였다. 이솝의 우화에는 훗날 인도 등지의 이야기도 섞여들어 폭넓은 인류의 문화유산이 되었다.

부처님도 그렇지만 성현들이 즐겨 쓰는 이야기 방식은 비유

설법이다. 그 메시지를 읽어내고, 그것을 삶에 대입할 수만 있다면 우리의 영혼은 보다 풍요로울 것이다.

나는 다음의 이야기를 알고 있다.

뱀 한 마리가 농부의 아들을 물어 죽이고 말았다. 그러자 분노에 눈이 뒤집힌 농부는 도끼를 들고 뱀이 들어있는 입구를 단단히 지켜 섰다. 뱀이 기어 나오면 때려죽일 속셈이었다. 마침내 뱀이 굴 밖으로 머리를 내밀자 농부는 있는 힘을 다해 도끼를 내려쳤다. 그런데 너무 긴장한 탓인지 도끼가 빗나가며 옆의 바위만 두 동강을 내고 말았다.

굴을 빠져나온 뱀이 농부를 째려보자 농부는 몸이 굳어 움직일 수가 없었다. 겁에 질린 농부가 뱀에게 화해를 요청했다. 그러나 뱀은 단호히 거절하며 이렇게 말했다.

"괜히 좋은 감정인 척하지 말게. 자네는 아들의 무덤을 볼 때마다 죽은 자식 생각을 할 것이고, 나는 갈라진 바위를 볼 때마다 자네 생각을 하며 몸서리를 치겠지."

이런 경우, 참 어렵다.

복수가 복수를 낳는다는 사실, 그래서 부처님은 "원한을 쉬는 것만이 원한을 갚는 길이요 진리"라고 하셨다.

불교에서는 가장 위험한 감정이 성내는 마음이라고 한다. 화는 정말로 참기 어려운 감정이다. 비유하면 끓어오르는 물과 같아서 물을 끓게 하는 솥 아래의 장작개비를 치우지 않으면 멈출 수가 없다.

감정을 다스리는 가장 쉬운 방법은 호흡을 조절하는 것이다. 불교에서는 호흡과 관련한 다양한 수행법이 있다. 그 중에 기초적인 단계에서는 숨을 들이마시고 내쉬는 것을 숫자를 헤아려가며 집중하는 것이다.

이것은 사무실 의자에서도 침대에 누워서도 걸으면서도 뛰면서도 할 수 있다. 물 속에서도 하고 사우나에서도 하고, 돌발적인 사고에서도 가능하다.

몇 해 전에 인천공항에 어른 스님 두 분을 배웅해 드리기 위해 차를 운전해 가다가 큰 사고를 당한 적이 있다. 초겨울이라서 노면이 살짝 얼어 있던 늦은 오후였다.

한강을 건너 어느 터널을 지나 내리막길이었는데, 갑자기

뒤에서 들이받아 내 지프차는 중앙 분리대를 들이받고 빙글빙
글 돌기 시작했다. 난 핸들을 꽉 잡고는 의식을 집중했다. 물
론 이런 순간에 억지로 되는 것은 아니고 평소 참선했던 내공
이 나왔을 것이다.

차는 세 바퀴를 돌아 갓길에 오던 방향으로 돌아서 멈춰 섰
다. 다행히 약간의 사고 후유증을 제외하면 큰일은 모면하였
다. 그 순간에 내가 집중할 수 있었던 것은 순전히 평소 호흡
의 공덕이었다.

호흡수행이 늘어 가면 모든 순간이 똑바로 인식된다. 화가 나거든 상대와 부딪치기 전에 심호흡을 하고서 판단하는 습관을 길러야 한다. 화가 치민다는 것은 그 일에 민감해졌다는 것이고, 내 책임도 이미 들어 있다는 사실이다. 섣불리 덤벼서는 좋을 일이 없다.

호흡수행을 잘 하려면 무엇보다 자비로운 마음을 가져야 한다. 사랑과 자비의 마음이 줄어들고 심신이 각박해지면 나를 돌아볼 여유가 생기지 않는다.

오늘 하루, 이 경구를 외워 보라.

"자비무적 慈悲無敵, 자비로운 마음엔 적이 없나니."

네 주변에 있다

인디언들에게 내려오는 이야기를 들어 보라.

어느 날 한 사람이 속삭였다.
"위대한 정령이시여, 저에게 말씀해 주소서."
그러자 종달새가 노래했다. 그는 듣지 않았다. 그가 소리쳤다.
"위대한 정령이시여, 저에게 말씀해 주세요."
그러자 하늘에 천둥이 굴러다녔다. 하지만 그는 듣지 않았다. 이번에는 사방을 둘러보며 말했다.

"위대한 정령이시여, 저에게 당신의 모습을 보여 주소서."

그러자 별 하나가 밝게 빛났다. 하지만 그는 쳐다보지 않았다. 그 사람이 다시 소리쳤다.

"위대한 정령이시여, 저에게 기적을 보여 주소서."

그러자 한 생명이 탄생했다. 하지만 그는 알지 못했다. 그래서 그 사람은 절망에 차서 울부짖었다.

"당신이 이곳에 계신다는 것을 알 수 있도록 제발 저를 한 번만 만져 주세요."

그러자 위대한 정령이 내려와 부드럽게 그 사람을 만져 주었다. 하지만 그는 손을 내저어 어깨에 앉아 있던 나비를 쫓아 보내고 떠나갔다.

우린 매번 이렇게 자상하게 보살핌을 받고 축복 속에 살아가는데도 무엇이 그렇게 부족하다고 아우성을 치는 것일까? 도대체 무엇이 그렇게 부족할까. 눈앞의 진리를 놓치고서 어찌 먼 길을 수고롭게 나서는 것일까? 매번, 매번 말이다.

가장 중요한 것은 어디에 숨어 있을까? 다시 그들이 알고 있는 정령은 이렇게 스며들었다. 다음의 이야기를 보자.

위대한 정령이 모두를 모아 놓고 말했다.

"나는 인간이 준비될 때까지 어떤 것을 감춰놓고 싶다. 그것은 그들 스스로 자신들의 현실을 창조한다는 깨달음이다."

독수리가 말했다.

"저에게 그걸 주십시오. 제가 그것을 달에 갖다 놓으리다."

위대한 정령이 말했다.

"아니다. 언젠가는 그들이 그곳으로 가서 그걸 발견할 것이다."

연어가 말했다.

"제가 그걸 바다 밑바닥에 감춰 놓지요."

"아니다. 인간은 그곳까지 내려갈 것이다."

들소가 말했다.

"그걸 큰 평원 한가운데 파묻어 놓겠습니다."

"그들은 땅을 파헤쳐 그 안에 있는 것까지 꺼낼 것이다."

그때 어머니 대지의 가슴속에서 살아가는 할머니 두더지가 앞으로 나왔다. 육체의 눈이 아니라 마음의 눈으로 볼 줄 아는 할머니 두더지가 말했다.

"그걸 내 안에 감춰두세요."

그러자 위대한 정령이 안도하고 기뻐하며 말했다.

"그래, 그렇게 하자."

이렇게 해서 우주의 가장 소중한 마음이 각각의 내면에 들어앉게 되었다. 인간은 캐묻고 파헤치기 선수이다. 뿔이 있는 것도, 송곳니가 있는 것도 아니지만 무엇이든 있다 싶으면 달려든다. 이런 용맹을 마음을 찾는 일에는 발휘할 줄 모른다.

맹자는 "도는 가까이 있다[道在爾]"했고, 『중용』에서는 "도는 잠시도 떨어질 수 없다"고 했다. 남의 삶을 보지 말고 나의 삶을 보라. 남이 가진 황금으로 된 산을 탐내지 말고, 내 손 안에 든 반 닢 금화가 더 소중하다. 사람에겐 나름의 풍류가 있는 법이다.

일본의 하쿠인 선사는 말했다.

"산 속에 사는 사람은 눈 덮인 숲이 보배이고[山家富貴銀千樹], 어부의 풍류는 도롱이에 있다[漁夫風流玉一蓑]."

'은천수'는 대설大雪에 하얗게 쌓인 깊은 겨울 산중의 풍광을 말한다. 이것을 자신의 부귀로 여기지 못하면 산중에 살지 못한다. 어부는 바다에서 물보라를 막기 위해 도롱이를 쓴다. 어부는 이 도롱이만 있으면 어느 물길이건 주저하지 않는다. 그래서 어부는 항상 이 도롱이를 몸에 달고 다니는데 멀리서 보면 옥 한 점이 달랑거리는 것으로 보인다고 한다.

이런 생활은 청빈을 천직으로 삼아야만 가능한 일이다.

그래도 부족하다면, 말을 잊는 수밖에.

나누는 행복

　어느 더운 여름 날, 호자가 저녁 식사에 초대를 받았다. 식탁 한가운데에는 시원한 냉채 항아리가 놓여 있었다.

　평소 장난치기를 좋아하는 집주인은 이번에도 그냥 넘어가지 않고 호자를 놀려줄 심산이었다. 그래서 호자에게는 찻숟가락만한 조그만 숟가락을 주고, 자기는 큼지막한 국자로 냉채를 퍼먹으면서 연신 감탄사를 늘어놓았다.

　"야, 시원하구나. 이 냉채는 정말 죽여주는군."

작은 숟가락을 손에 쥔 호자는 아무리 부지런히 냉채를 입에 퍼 넣어도 갈증만 더할 뿐 성이 찰 리가 없었다. 참다못한 호자가 소리를 버럭 질렀다.

"여보, 그 국자좀 줘 보게, 나도 한번 죽어보고 싶네."

참, 간절하기도 하고, 아프게 느껴지기도 하는 이야기다. 음식 앞에서의 차별만큼 서러운 것도 없을 것이다.

저소득층의 끼니 해결은 사회복지로서도 최우선 과제이고 세계 거의 모든 나라에서 공통적으로 겪는 문제이기도 하다. 미국도 예외가 아니다.

작금의 우리나라에서 초등학교의 무상급식을 놓고 선거 전략과 함께 정치적 논제가 되고 있다. 하긴 방학 중에도 급식을 위해 학교를 가야하는 저소득층의 아이들이 있다 하니 뭔가 대책이 있긴 있어야 할 것 같다.

인도는 계급제도가 있어서 함께 식사하는 문화가 정착되어 있지 않다. 고대 그리스의 사절들이 인도를 방문한 기록을 보면 혼자서 아무 때나 식사하는 인도의 문화가 대단히 이질적으로 보였던가 보다. 그리고 어떤 문자나 제도의 틀이 없이 오로지 암송과 입에 의해 유지되는 사회를 보고 몹시 놀랐다 한다.

예수께서 최후의 만찬을 가진 것을 우리는 잘 알고 있다. 예수님은 대중이 함께 먹는 것을 즐겼다. 유목민들에게는 저녁식사가 삶을 즐기는 상징과 같다. 예수께는 저녁식사가 삶의 중요한 의미를 갖는다. 그래서 제자들과 사람들을 초대하여 식사하기를 좋아했다. 기독교인들은 식사를 종교적으로 승화시켰던 것이다.

생각해 보면, 홀로 먹는 것은 동물의 세계에서만 이뤄진다. 그들은 어울려 먹지 못하고 분배하지 못한다. 동물은 먹이가 생기면 우선 구석으로 물고 가서 무리를 따돌린 다음에 먹기 시작한다. 음식이 투쟁인 것은 동물 세계의 속성이다.

유목민들은 음식을 나누어 먹으면 형제가 된다. 음식을 함께 먹으면 상대에 대한 두려움이 사라진다. 공동체가 형성되는 것이다. 함께 먹지 않은 힌두사회 같으면 사회 구성은 하지만 공동체의 유대감은 없다.

음식은 사랑의 상징이다. 어머니와 아이 사이에 그토록 친밀한 관계가 형성되는 것은 음식 때문이다. 아이에게 어머니란 존재는 음식으로 시작한다. 아이는 어머니를 먹고 어머니는 아이의 존재 속으로 들어가는 것이다. 생각해 보라. 음식이 첫째고, 그 다음이 사랑이다.

예수께서 말씀하셨다.

"너희의 입으로 들어가는 것은 너희를 더럽히지 않지만, 너희의 입으로부터 나오는 것은 너희를 더럽힌다."

입으로 들어가는 것은 음식뿐이다. 그 음식은 성스럽다. 더러움이 없다. 그런데 그 입에서 나오는 것은 말이다. 싸움과 투쟁과 거짓말과 이간질과 거친 말과 상처 주는 말과 홀리는 말이 전부 입에서 나온다. 놀라운 일이다. 하나의 입에서 들고 나오는 차이가 이렇게 달라질 수 있다니.

절집에서는 보시나 공양금 같은 것은 직급에 따라 차등을 두지만, "공양은 평등공양"이라 하여 큰스님부터 후원의 처사, 보살들까지 똑같이 나눈다. 음식은 매우 기본적이어서 베풀면 누구나 큰 사랑으로 생각한다. 나누면 행복해지고, 함께 하면 즐거운 게 음식을 놓고 모여 있는 자리이다. 아무리 미운 사람일지라도 내가 먹을 것을 나누면 그는 나의 친구가 된다. 아무리 가까워도 같이 먹지 않으면 그는 남이다.

새벽 산책길이면 삼청동 일대의 음식쓰레기를 담아가는 청소차가 분주히 오가는데, 그 양이 얼마나 많은지 모른다. 모든 것이 전날 점심과 저녁 두 끼니 동안에 갖은 양념과 조리기구를 동원하여 불에 굽거나 끓인 소중한 음식이 버려지고 있는 것이다.

음식이 나에게 오기까지의 수고로움과 비용을 생각해 보라. 요즘은 생산지에서 소비되는 곳까지 움직임의 거리를 따져 본 책들도 있다. 지구 반대편에서 여기까지 온 것도 부지기수이다. 알맞게 먹고 음식을 남기지 않는 습관을 길러야 한다. 복은 음식을 대하는 자세에서도 생긴다. 함께 나눠 먹으라.

나바호족의 노래가 떠오른다.

내 앞에 행복,
내 뒤에 행복,
내 아래에 행복,
내 위에 행복,
네 주위 모든 것에 행복.

과수원이 따로 없다.
행복으로 크는 나무일세!

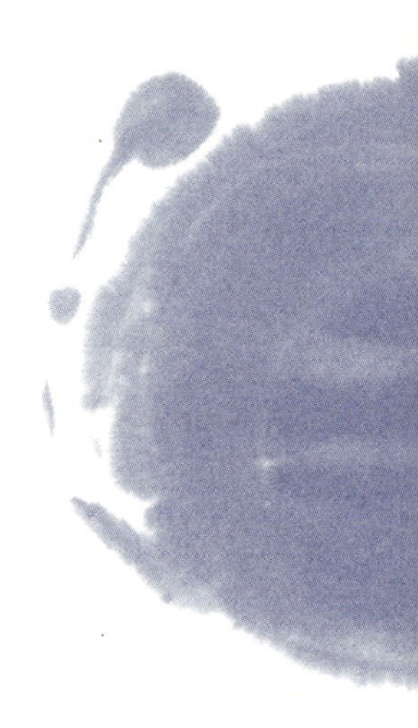

불리한 환경에 들지 말라

『장자』에는 다음과 같은 이야기가 있다.

이것은 아무리 좋은 재주나 실력일지라도 그것을 맘껏 발휘할 환경이나 조건을 만나지 못하면 무용지물이 되고 만다는 것을 우회적으로 들려주고 있다.

그런데 힘을 쓸 수 없는 불리한 조건임에도 불구하고 섣불리 나섰다가 어려운 지경에 빠지고 마는 것이 모두 인간의 탐욕과 어리석음, 또는 스스로 분을 참지 못하고 홧김에 저질러

버리는 오기 때문이다. 이 이야기가 던지는 메시지가 바로 이
것이다.

　가래나무와 녹나무 등 곧게 솟은 나무들이 자라고 있는 숲
속에 원숭이 한 마리가 살고 있었다. 큰 나무를 오르락내리락
하고, 덩굴을 잡고 이 나무 저 나무로 건너다니며 매우 의기양
양하여 아무리 후예와 방몽 같은 명궁이라도 감히 자신을 어쩌
지 못하리라고 생각했다.
　한번은 이 원숭이가 어쩌다 온통 가시로 덮인 가시나무, 탱
자나무가 우거진 숲에 들어가게 되었다. 한 발짝 기어갈 때마
다 가시에 찔려 피를 줄줄 흘렸다. 몹시 긴장하여 어디 매끈한
가지라도 잡을까 하고 두리번거렸지만 그런 나무는 눈에 보이
지 않았다. 환경이 바뀌자 원숭이의 재주는 쓸모가 없었던 것
이다.

누구를 만나서 담판을 지어야 한다거나 일을 처리하는 데
있어서 때와 장소를 잘 가려야 한다. 만약 이를 소홀히 하면
일을 시작하기도 전에 이미 머리를 잡히고 있을 것이다.

　중국 당나라 말기 단엄사의 사언師彦 선사는 수행 중에 매일
스스로에게 말을 건네면서 성찰의 깊이를 더해갔다고 한다.
즉, 자신이 "주인공아!" 하고는 다시 "예" 하고 대답을 하고,
　"눈을 뜨고 있는가?"
　"예."
　"남에게 속지 말라."
　"예" 했다는 것이다.

　"남산에 구름이 이는데[南山起雲], 비는 북산에서 내린다[北
山下雨]"는 선가의 말이 있다. 이쪽을 치는데, 아프기는 저쪽
이 아프다. 이 도리를 알면 그는 신묘한 사람이니 사는 일의
성패를 어찌 구구절절이 늘어놓을 것인가.

하늘과 사람의 일

인간의 이해는 서로 상충한다. 특히 재물과 권력을 두고는 함께 하기가 쉽지 않다. 부자지간이건 스승과 제자, 형제, 친구 사이일지라도 재물이 가운데 놓이면 분란이 일어난다. 권력 또한 함께 누리기 어렵다.

이 둘은 시기와 질투를 깔고 있어서 그 자리에 가면 귀신이 붙듯이 마음이 동하는 것을 어쩌지 못한다. 또 요람에서는 생기지 않던 일이 큰 저택으로 옮기면 부부지간에도 금이 간다.

위나라에 가난한 부부가 살고 있었다. 하루는 두 사람이 사당에 가서 빌었다. 먼저 아내가 빌면서 말했다.

"우리를 편하게 살게 해 주시고, 삼베 백 필만 얻을 수 있도록 해 주십시오."

이 말을 듣고 있던 남편이 물었다.

"기왕 큰 부자가 되게 해 달라고 빌어야지. 하필 삼베 백 필이 뭔가?"

그때 아내의 뜻밖의 한마디.

"그보다 많이 얻으면 당신이 첩을 들일 테니까요."

『논어』「술이」편에 나오는 공자님 말씀을 보면 절제하는 자세에 대한 이야기가 나온다. 내용은 이렇다.

"거친 밥을 먹고 물을 마시고 팔을 구부려 베개를 삼더라도 즐거움이 그 가운데 있다. 정당하지 않은 부유함과 귀함은 나에게는 본시 하늘에 떠다니는 구름과 같다."

자신을 지키는 건 어려운 일이다. 옛날에 도를 터득한 사람은 궁핍해도 즐거워하고 영달했다. '즐거움'이란 종교를 대할 때와 같은 심리이자 정서이다. 이 즐거움은 어떤 물질로도 대신할 수 없기에 고결한 것이다. 부귀와 빈천을 초월할 수만 있다면, 그는 참으로 귀한 사람이다.

'하늘과 사람의 즐거움'이 그의 것이다.

두 가지 보시, 두 가지 은혜

부처님께서 사밧티 기원정사에 계실 때의 일이다. 어느 날 부처님은 제자들에게 두 가지 보시와 은혜에 대해 이렇게 말씀하셨다.

"수행자들이여, 세상에는 두 가지 보시가 있다. 어떤 것이 두 가지 보시인가. 하나는 법의 보시이며, 또 하나는 재물의 보시니라. 세상의 모든 보시 중에는 법의 보시가 최상의 보시니라. 그러므로 항상 법의 보시에 힘쓰도록 하라.

　수행자들이여, 세상에는 두 가지 업이 있다. 어떤 것이 두 가지 업인가. 하나는 도를 닦는 업이요, 또 하나는 재물을 모으는 업이니라. 세상의 모든 업 가운데는 도를 닦는 업보다 나은 것이 없다. 그러므로 항상 도를 닦는 업에 힘쓰도록 하라.

　수행자들이여, 세상에는 두 가지 은혜가 있다. 어떤 것이 두 가지 은혜인가. 하나는 진리를 가르쳐 준 은혜요, 또 하나는 재물을 베풀어 준 은혜니라. 세상의 모든 은혜 가운데 최상의 은혜는 법을 베풀어 준 은혜니라. 그러므로 항상 법은에 감사하는 마음을 갖도록 하라.

　수행자들이여, 세상에는 두 가지 종류의 사람이 두 가지 모습을 보여 주고 있다. 어떤 것이 두 가지 종류의 사람이 두 가지 모습을 보여 주는 것인가. 하나는 어리석은 사람이고, 또 하나는 지혜로운 모양을 한 사람이다. 어리석은 이는 자기가 할 수 없는 일을 하려고 하고, 자기가 할 수 있는 일을 하지 않으려고 한다. 이것이 어리석은 사람의 두 가지 모습이니라. 그러나 지혜로운 사람은 자기가 할 수 없는 일은 하지 않고, 자기가 할 수 있는 일은 기꺼이 한다. 이것이 지혜로운 사람의 두 가지 모습이니라.

그러므로 수행자들이여, 그대들은 항상 재물의 보시보다는
법의 보시에 힘쓰며, 재물의 업보다는 법의 업을 닦고, 재물에
감사하기보다는 법의 은혜에 감사하고, 어리석은 모습보다는
지혜로운 모습을 갖추기에 힘써야 하느니라."

증일아함 7권 제 15 〈유무품〉 제3~6경

불교에서는 세간과 출세간의 것으로 구분하여 말하는 경우
가 많다. 세간의 중심은 재물과 권력이다. 반대로 출세간의 중
심은 진리와 수행이다. 그래서 세간의 복을 짓는 방식은 거의
가 물질적인 혜택과 이로움을 베푸는 것이다.

그러나 출세간은 재물보다는 진리와 그 진리적인 삶을 이어
가는 수행을 중요시하기 때문에 재물보다는 바른 삶을 이끄는
지혜의 가르침을 수승하게 여긴다.

자신이 할 수 있는 일과 할 수 없는 일을 살피는 것은 중요하
다. 할 수 있는 일을 하면 능률이 오를 것이며, 할 수 없는 일에
매달리면 시간만 허비하게 된다.

스스로 잘 할 수 있는 일을 즐겁게하면 행복이 있다.

삶의 주인이 돼라

　　일본의 메이지 시대 초기에 오나미大波, 즉 '큰 파도' 라는 이름을 가진 씨름꾼이 있었다. 그는 힘이 장사인데다 훌륭한 씨름을 터득하고 있었다. 조그만 시합에서는 자기의 스승조차도 문제없이 이겼다. 그러나 공식적인 시합에서는 자신의 문하생들에게도 나가떨어지곤 했다.

　　오나미는 이 일로 고민하다가 선사를 찾아갔다. 선사는 바다 옆에 있는 근처의 절에 머물고 있었다. 오나미는 선사 앞에 무륵을 꿇고 조언을 구했다. 선사가 말했다.

"오나미! 곧 '큰 파도'가 너의 이름이 아닌가? 그러니 너는 오늘 밤 이 절에 머물며 파도 소리에 귀를 기울이도록 하라. 너 자신을 큰 파도라 생각하라. 네가 씨름꾼이라는 사실은 잊어버리고, 모든 것을 쓸어버리는 거대한 파도가 되도록 해라."

오나미는 절에 남아 오로지 파도만을 생각했다. 처음에는 많은 생각들이 떠올랐지만 차츰차츰 파도만을 생각하게 되었다. 밤이 깊어감에 따라 파도는 점점 높아졌다.

파도는 부처님 앞에 놓인 화병을 쓸어갔다. 급기야 청동불상까지도 파도에 휩쓸렸다. 새벽녘이 되자 절 전체가 파도치는 망망대해에 떠 있었다. 오나미는 얼굴에 희미한 미소를 머금은 채 그곳에 앉아 있었다.

바로 그날 오나미는 씨름 시합에 나가 우승을 거두었다. 그날 이후로 일본에서는 아무도 그를 이길 자가 없었다.

자아의식 self-consciousness은 하나의 질병이다. 의식 consciousness은 건강하지만 자아의식은 뭔가 이상이 생긴 상태이다. 의식은 자연스러운 것으로 외부의 자극에 반응하여 일어나는 마음의 작용이지만, 자아의식은 스스로 생각을 규정하고 스스로 생각의 틀에 고정되는 상태를 말한다.

이것은 습관에 길들여지고 스스로의 강박관념을 갖는다는 것을 의미한다. 내면에 귀를 기울이기보다는 밖의 환경과 남의 평가에 더 비중을 둠으로써 무궁한 내면의 에너지를 잃어버리고 오로지 경쟁과 분노로 귀중한 마음의 보배를 잃어버리고 만다.

나뭇잎이 나무와 싸우는 것을 본 적이 있는가. 파도가 물과 떨어지려 힘쓰던가. 중생의 고통은 그 자체로 완전한 하나임을 알지 못하고 분리되는 사고를 하는 데서 비롯된다.

스스로 주인이 되는 삶을 망각하는 것이다. 운동선수도 그렇고 자기극복의 노력을 해야 하는 모든 사람은 이 이야기에서 깨달음을 얻어야 한다.

바람 따라 나뭇잎이 흔들리듯, 배고프면 먹고 졸리면 자듯, 편안한 마음으로 내면의 느낌과 감흥을 따라 살아갈 수만 있다면 그 다음 일이야 무얼 걱정하겠는가.

잘 될 것이다.

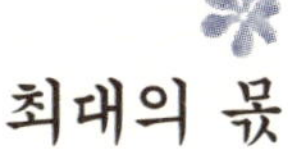

최대의 몫

사자와 나귀, 여우가 함께 사냥을 했다. 수확물을 많이 얻은 후 사자는 나귀에게 그것을 분배해 보라고 했다. 나귀는 셋이 함께 잡았으므로 나누는 것도 똑 같아야 한다고 생각해서 먹이를 정확히 삼등분했다. 사자는 화가 나서 나귀를 잡아먹어 버렸다. 그러고 나서 다시 여우에게 사냥감을 나누어 보라고 했다. 여우는 자신의 몫으로 아주 조금만 남겨 떼어 놓고 몽땅 사자에게 돌렸다. 이를 보고 매우 만족한 사자가 여우에게 물었다.

"아주 잘했어. 그런데 누가 이런 걸 가르쳐 주던가?"
여우가 빙그레 웃으며 대답했다.
"죽은 나귀가 가르쳐 주었답니다."

영어 표현으로 'lion's share' 최대의 몫의 바탕이 된 우화가 바로 이것이라 한다. 이 우화의 교훈은 "우리는 다른 사람의 불행을 통해 현명해진다"는 것이다. 어차피 권력은 나눠지기 어렵다. 자신의 처지를 생각하고 현명하게 처신해야 화가 미치지 않는다. 어쩌랴, 힘의 속성이 그러한 것을.

장자방 장량의 지혜가 돋보이는 이야기가 있다. 장량·한신·소하, 세 사람을 '인걸'로 치는데, 초패왕 항우와 한고조 유방이 중원의 패권을 도모하던 때의 일이다. 한신이 춘추전국시대의 후예인 제나라, 조나라를 점령해 놓고 지금 새로 정복한 땅이 굉장히 넓으니 임시로 왕을 정해 두어야 하지 않겠냐고 고조에게 청했다.
즉 이 땅이 탐이 난다는 뜻이다. 고조는 괘씸한 생각이 들었다. 지금이 어느 때인데 충성을 해서 공을 세웠으면 그만이지 자신도 한 나라의 왕이 되어 보겠다는 욕심을 드러냈으니 용서할 수 없었다. 장량이 이것을 보고 '큰일 났다' 싶어 고조의 발등을 가만히 밟고 귓속말을 했다는 것이다.

"가왕假王을 시켜 주십시오. 그렇지 않으면 천하를 통일하지 못합니다."

도둑질도 손발이 맞아야 해먹는 법이다. 천하의 영웅이 이 말을 못 알아들을 것인가. 화가 폭발하기 일보직전이었는데 갑자기 표정을 누그러뜨리며 말했다.

"가왕이 무슨 가왕인가 진왕眞王을 하게."

그리고는 곧장 제나라 왕으로 봉인해 주었다. 한신은 흡족해 하며 사력을 다해 천하통일의 위업을 달성하는 공을 세웠다. 그러나 훗날 초왕에 오르기도 했지만 여태후의 손에 죽임을 당하고 말았다.

그가 분에 못 이겨 했던 유명한 말이 이것이다.

"'아! 교활한 토끼가 죽자 사냥개가 필요 없어 죽음을 당하고, 나는 새가 없어지자 양궁도 곳간에 감추어지고, 적국이 파멸되니 지략 있는 신하도 죽어 없어진다'고 하더니 천하가 평정되어 두려운 적이 없어진 지금 교활한 토끼가 다 잡히면 충실한 사냥개가 삶겨져 주인에게 먹히듯이 온갖 충성을 다한 내가 이번엔 고조의 손에 죽는구나.”

반면 장량은 “제나라의 삼만 호를 마음대로 고르라”는 고조의 말에, “제가 폐하를 처음 만났을 때 유 땅에서 만났으니 하늘이 주신 것입니다. 저는 큰 땅은 필요 없고 그곳에서 살겠습니다.” 하면서 큰 것보다 작은 것을 희망하는 지혜를 보였다. 물론 장량은 화를 당하지 않고 명을 마칠 수 있었다.

누구를 원망할 일이 아니다. 권력의 속성이 그렇다. 그래서 노자는 “공을 이루되 소유하지 않는다[功成而不有]”라고 하였다. 이 말이 참 묘미가 있다. “고생은 함께 해도 즐거움은 같이 누리기 어렵다”는 말처럼, 즐거움을 함께 나눌 수 있으면 그는 도인이다.

이게 어려운가 보다. 공을 이루거나 어떤 업적, 내지는 사업에서 큰 성공을 이뤄 놓고 나면 고생할 때는 보이지 않던 사람들이 몰려들기 시작한다. 이유는 한 가지, 욕심이 나기 때문이다. 인간이 한 번 탐욕을 품으면 어찌해 볼 도리가 없다. 다툼이 일어나면 지혜로운 이는 떠날 수밖에 없다. 그래서 이뤘지만 소유하지 않고, 그 자리를 비켜 주는 것이다. 왜냐하면 탐욕에 눈먼 자들을 막아낼 도리가 없기 때문이다.

　새삼 법정 스님의 '무소유'의 말씀이 떠오르는 것은 인간의 다툼 속에 끼이고 싶지 않았던 마음을 헤아릴 것 같아서도 그렇다. 문사들이 은거하며 살아가는 것은 속진을 묻히고 싶지 않아서이다. 영혼의 고결함에 눈떴다면 그는 고독한 길을 가야 한다.

　여우의 재빠른 눈치와 장량의 지혜가 어찌 옛날에 그치며 남의 일이라 하겠는가. 하루가 멀다 하고 정치권력에 몸담은 이들이 부침을 겪으면서 억울하고 분노에 들끓어 하는 모습들은 볼 수 있다.

하지만 어찌하랴, 인간사 숙명인 것을!

백조가 되어 날다 -라마크리슈나-

19세기 후반 인도의 종교개혁 운동의 지도자인 라마크리슈나가 있다.

그는 베단타의 교리에 근거하여, 초월적인 신神은 알 수 없는 것이며, 현실의 모든 것은 그 신의 현현이라고 가르쳤다. 그리고 모든 종교의 궁극은 본래 하나이고, 또 그렇게 귀속된다고 봤다. 나중에 라마크리슈나 교단이 만들어져 가르침을 널리 폈고, 근대 인도의 위대한 성인으로 지금도 추앙받는다.

그는 열세 살에 신비한 영적 체험을 했다. 힌두의 칼리 여신을 숭배하면서, 끊임없는 헌신이 가장 종교적인 자세라는 신념이 있었다. 만년엔 후두암에 걸려 고통 받았지만 항상 삼매를 여의지 않았다고 한다. 간디, 타고르 등이 그에게서 큰 감화를 받았다.

종교적인 삶!
그 깊은 속을 우리는 과연 얼마나 알 수 있을까?
난 라마크리슈나를 공경한다. 그의 삶의 자세와 일관된 목표가 좋다. 90년 초반, 인도여행에서 캘커타의 빅토리아 기념관에서 봤던 그의 메시지는 명확했다.
"휴머니티에 대한 서비스, 이것이야말로 가장 진실한 종교적 표현이다."

진리에 대한 그의 절규에 가까운 몸부림, 비우고 또 비워가는 그의 헌신에 대한 열정…. 그렇지만 우리가 그 성자를 또 얼마나 안다고 할 수 있으랴. 농부의 아들이었던 그의 첫 삼매의 체험은 열세 살에 일어났다. 우기였다. 하늘엔 비를 가득 담은 먹구름이 몰려들었고, 땅은 한낮임에도 불구하고 캄캄했다.

"언제인가 많은 것을 알려야 할 이는 가슴 속에 많은 것을 말없이 담는다.
언제인가 번개에 불을 당겨야 할 이는 오랫동안 흰구름으로 살아야 한다." 〈니체〉

아름답다.
라마크리슈나는 두텁게 덮인 먹구름에 번개가 당겨지는 것을 보았다. 비를 피하기 위해 마을의 호수를 돌아 집으로 급히 뛰어가는 중이었다. 긴 둑과 벌판에 백조가 드문드문 있는 게 설핏 보였다.
새는 비가 오면 제자리에서 묵묵히 고개를 파묻고 비가 그치기를 기다린다. 빗속에 하늘을 날지는 않는다. 그런데 크리슈나의 급한 발걸음에 놀란 백조들이 하늘로 일시에 날아올랐다. 빛 한 줄기 들 틈 없이 하늘을 촘촘히 메우며 쏟아지는 폭우를 뚫고, 수없이 많은 흰 천 조각이 허공에 뿌려진 듯

펄럭이는 백조 무리. 그는 서서히 긴 행렬을 갖춰 날아가는 광경에 넋을 잃고 둑 위의 풀밭에 쓰러지고 말았다. 그는 가슴 벅차오르는 희열을 감당할 수 없었다.

라디오를 켜면 빨려드는 전파처럼, 그의 의식에 알 수 없는 메시지들이 쏟아져 들어왔다.

흰색은 순결을 뜻한다. 맑음, 평화, 거짓 없음. 그리고 흰 빛은 사랑이다. 이 세상의 것이건, 인간 세상 저 너머의 것이건…. 그러나 이 흰 빛은 항상 잠언이 따른다.

"어디 절대적인 선이 있느냐? 이 순결이 비천함이나 어두움 없이 빛나기는 하더냐?"

내 어둠을 지나 절대의 세계, 영혼의 빛에 잠기는 거다. 겸허함, 나를 낮추고 자신의 진리를 자신의 그림자와 함께 인정하는 용기다. 하얀 백합이 아름다울 수 있음은 자신의 검은 그림자를 받아들이기 때문이다.

자신의 생채기를 잊기 위해 조개가 흘린 눈물이 있다. 진주의 영롱함에 스민 조개의 아픔을 생각해 보라. 그러나 이 아픔에서 일어서야 영혼에 맑은 흰빛이 든다. 라마크리슈나의 혼미한 의식은 바로 이것을 봤다. 우주의 메시지, 나보다는 남을 위해 사는 삶!

들판에서 하던 일을 멈추고 집으로 향하던 마을의 농부들이 둑에 쓰러져 있는 그를 봤다. 그러나 그는 신비로운 빛에 싸여 있었다. 희열에 찬 크리슈나의 얼굴과 피어오르는 미소, 농부들은 일시에 누워 있는 그의 주위에 무릎을 꿇고 절을 올렸다. 크리슈나는 이미 열세 살의 마을 초동이 아니었다. 농부들은 아직도 의식을 차리지 못하는 그를 집으로 옮겨갔다. 시간이 흐르고 그가 점차 의식을 회복했다. 농부들이 물었다.

"무슨 일이 있었던 거지?"

크리슈나가 말했다.

"집으로 달리다 호수에서 흰 백조가 날아오르는 것을 보고 황홀감에 의식을 잃고 쓰러졌어요. 그러자 저 멀리서 메시지가 들렸습니다.

'라마크리슈나, 백조가 돼라! 날개를 펴라. 온 하늘이 너의 것이다.'

이제 나는 예전의 내가 아닙니다. 나는 부름을 받았고, 내가 할 일이 있습니다.”

그날 이후 그는 전혀 딴 사람이 되었다. 백조 같은 삶이 되었다. 깨달은 자를 ‘파라마한사 paramahansa’ 로 부르기도 하는데, 이것은 ‘위대한 백조’ 의 뜻이다. 새는 허공에 발자국을 남기지 않는다. 위대한 삶은 자신이 없다. 그러나 자신의 중력이 무거운 사람은 모래 위를 걷는 것과 같아 흔적이 남는다.

해가 대문을 두드리고, 달이 창문에 기다리면 문을 열어야 한다. 보이지 않는 길로 갈 수 있고, 아무것도 갖지 않고, 아무것도 모으지 않은 채, 자유롭게 살 수 있다면….

라마크리슈나!
달빛 따라 오시길….

화탕노탄火湯爐炭 속으로 피하라

한 스님이 열심히 수행에 임하고 있었다. 그런데 그 해에 유난히 더위가 심해서 참기가 어려웠다. 좌복에 앉아 있는 것도 곤혹스럽고, 나무 그늘에 있어 봐도 더위는 가시지 않았다. 생각 끝에 조실 스님을 찾아가 물었다.

"날이 이렇게 더운데 어느 곳에 가서 청량함을 얻어야 되겠습니까?"

조실 스님이 말했다.

"화탕노탄 속으로 피해라."

화탕火湯은 물이 펄펄 끓는 것이고, 노탄爐炭은 숯불이 벌겋게 붙은 상태다. 날이 더워 시원한 것을 물어보는데, 도리어 가장 뜨거운 것을 말하며 그 속으로 들어가라 하니 이 무슨 뜻인가.

그래서 다시 물었다.
"화탕노탄 속이 어떻게 청량을 얻는 곳입니까?"
이때 조실 스님의 말씀.
"화탕노탄 속에는 더운 것이 없느니라."

더위뿐만이 아닐 것이다. 세상의 어떤 문제에 봉착함에 있어 사람들은 그 일을 해결하기 위해 고뇌하는 것 같으면서도 짐짓 그 핵심은 피하고 있는 경우를 볼 수 있다. 호랑이를 잡기 위해 호랑이 굴로 들어가는 기개를 말하는 것이다.

번뇌의 겉이 뜨겁지 번뇌 속은 괴롭지 않다. 시험삼아 해 보라. 번뇌의 속은 괴로울 틈이 없다. 이때는 번뇌도 연꽃이다. 좋고 싫음도 모른다. 그러나 뭔가 불쾌하고 지루하다는 생각이 들기 시작하면 아무것도 재미가 없고, 짜증스러우면 보이는 것마다 시비거리다. 본질 속에는 생각의 구분이 일어나지 않는다.

사납게 생긴 개 한 마리가 목이 말라 물가에 갔다. 물을 마
시려는 순간 물속에 험상궂은 개 한 마리가 자신을 노려보고
있었다. 개는 흠칫하며 물러섰다. 다시 갈증이 났다. 이번에도
물속에 사나운 개가 있었다.

이렇게 몇 번을 망설이다가 목이 말라 더 이상 참을 수가 없
었다. 개는 두 눈을 찔끔 감고는 물속으로 뛰어들었다. 그런데
그 사나운 개는 어디에도 없었다. 내가 보고 느끼는 번뇌와 갈
등의 원인은 내 자신임을 깨달아야 한다. 나의 내면 속으로 뛰
어들면 세상이 일시에 가라앉는다.

비슷한 이야기가 되겠는데, 어느 선원에서 젊은 스님 여럿
이 한 철을 나게 되었다. 그중에 열심히 정진하던 이가 있어
매일같이 큰스님을 찾아가 법을 묻는 것이었다. 좁은 도량이
라 이것을 눈여겨보던 또 한 이가 있었다. 그는 도대체 무슨
문답이 오고가는지 궁금하여 그 스님이 큰스님 방에 들어가고
나면 슬그머니 따라가 문틈으로 엿들어 보려 했다.

그렇게 여름 한 철을 보냈으니 장장 90일을 반복한 셈이다.
그런데 마지막 구십 일째^{석달} 요긴한 말을 제대로 듣지 못했다.

엿들었던 이가 물었다.

"스님, 내가 사실은 스님이 큰스님을 친견하고 법을 묻는 것을 구십 일 동안 엿들어 왔소. 그런데 오늘 마지막 말을 알아듣지 못해 궁금하여 견딜 수가 없으니 나에게 그 말을 일러 주시오."

그런데 그 스님은 절대 입을 열지 않았다. 아무리 사정해도 묵묵부답이어서 견딜 수가 없었다. 참다못한 그는 시퍼런 칼을 들고 배 위에 올라앉아 말해 주지 않으면 죽이겠다고 단호히 말했다. 그는 애기해 줄 테니 내려오라는 말에 칼을 거두고 자리에 앉았다.

그 스님이 말했다.

"설사 내가 이 도리를 너한테 일러 준다 해도 너는 쓸 곳이 없다."

누구나 자신의 문제가 아니면 간절한 마음이 생기지 않는다.

두 종류의 사람이 있다. 세상을 주인처럼 사는 사람이 있고, 객처럼 사는 사람이 있다. 주인이 불평한다는 말을 들어본 적 있는가? 주인은 탓하지 않는다. 주인은 항상 스스로에게서 해답을 찾는다. 그래서 능동적인 에너지가 넘친다.

반대로 객처럼 사는 사람은 의지하려 하고 구하기만 한다. 자꾸 달라하고, 맘에 안 든다고 투덜대는 사람은 영원한 이방인이다. 책임감이 없으니 정원에 풀 한 번 스스로 뽑아본 적이 없고 휴지 하나 줍는 법이 없다. 이런 사람은 '게으름'이라는 공통된 특성이 있다. 게으름은 큰 탐욕이다. 게으름도 전염되기 때문에 그런 사람과 가까이해서는 이익이 없다.

투덜거리고 불평으로 가득 찬 사람은 개선의 여지가 없다. 항상 긍정적인 자세로 노력하는 사람이 좋은 친구요 스승이다. 절집에서는 '좋은 친구'는 '좋은 스승'보다 위에 둔다. 왜냐하면 가장 영향을 많이 깊게 받기 때문이다.

남의 노력 위에 슬그머니 올라앉을 생각만 하는 사람은 무슨 교훈을 가르쳐도 그에게는 답이 아니다. 삶에 문제만 있고 답이 없는 인생이 얼마나 황폐한가.

삶은 부족할 수도 있고 못마땅할 수도 있다.
삶을 주의 깊게 보라.

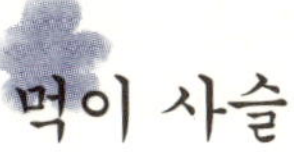

먹이 사슬

인간사회의 함정은 내가 뭔가에 골몰하는 사이 나를 노리는 눈이 있다는 사실이다. 스스로 경계하지 않으면 자신도 모르는 사이에 음모의 파도가 쓸어가 버릴 것이다.

다음의 이야기가 그것을 깨우치고 있다.

오나라 왕은 초나라를 치려고 준비하면서 자신의 생각을 막는 자는 엄벌할 것이라고 선언했다. 한 젊은 충신이 어떻게 하면 왕을 깨닫게 할까 고민하다가 탄환을 들고 새벽마다 숲에 들고 나기를 여러 날 반복했다. 우연히 이 광경을 눈여겨 본 왕이 젊은 병사를 불러 그 이유를 묻자 그는 이렇게 대답했다.

"저는 재미있는 일을 보았습니다. 후원에는 나무가 있고, 나무 위에는 매미가 있습니다. 그놈은 높은 데서 이슬을 마시면서 신명나게 노래를 불렀습니다. 그러면서도 사마귀가 바로 뒤에서 자기를 잡아먹으려고 하는 줄을 모릅니다. 사마귀는 허리를 굽혔다 폈다 하면서 갈고리 같은 두 발을 들어 매미를 잡으려 하지만 꾀꼬리가 자기 뒤에 숨어서 자기를 잡아먹으려고 군침을 흘리고 있는 것을 알지 못합니다. 이제 꾀꼬리는 목을 뻗어 사마귀를 잡으려고 하지만 또 누군가 탄환을 들고 자기를 겨누고 있는 재앙을 보지 못하는 것입니다."

왕이 이 말을 듣고 나서 곰곰이 생각해 보더니 "아주 그럴 듯하구나." 하면서 전쟁준비를 그만 두었다.

혹 다른 나라를 치는 동안 힘이 빠지기를 기다려 자신을 덮치는 일이 있을 수도 있었기 때문이다.

어린 칼리다사의 지혜

3세기경, 인도에 유명한 산스크리트 시인이 있었다. 그의 이름은 칼리다사이다.

그는 가난한 부모를 만나 어려운 환경 속에서 자랐다. 먹을 것은 항상 부족하여 배가 고팠고, 입을 것은 겨우 몸을 가릴 정도였다. 어머니와 함께 살고 있는 집이라고는 쓰러져 가는 오두막이었다. 그런데 그 오두막이 왕궁의 담장을 마주보고 있어서 왕궁의 망고나무가 가지를 담장 밖으로 내밀며 향긋하게 익어가는 것을 볼 수 있었다.

때는 수확기라서 가지마다 주렁주렁 매달린 황금빛 망고의 향기는 더욱 진동하였다. 가난한 이 어린아이는 사람들이 보지 않을 때면 담을 타고 올라가 열매를 몇 개씩 따 내려와 어머니와 함께 나눠 먹었다.

그러던 어느 날, 왕이 창 밖을 내다보는 중에 칼리다사가 왕궁의 담장을 올라 망고를 따가는 것을 처음부터 끝까지 목격하였지만, 그는 이 사실을 알지 못하고 있었다. 그리고 그날 아침, 왕은 망고 껍질을 벗기다가 잘못하여 손을 베이고 말았다.

손에서는 많은 피가 흘렀다. 마침 조금 전에 한 어린애가 담장을 올라 망고를 훔쳐가던 것을 지켜본 터라 그의 기분은 좋지 않았다. 생각 끝에 왕궁의 점술가이기도 한 현자들을 불러 모아 손가락을 베이게 된 의미에 대해 말해 보도록 했다.

현자들은 한참 동안 의논하다가 오늘 아침에 무슨 특별한 기억에 남는 일이 있냐고 물었다. 이에 왕은 한 소년이 왕궁의 망고 열매를 훔치는 것을 보았다고 했다. 현자들이 일제히 말했다.

"폐하! 폐하께서는 아주 불길한 것을 보셨습니다. 그놈을 즉시 처단하시는 게 좋겠습니다.”

왕은 즉시 그 아이를 찾아 데려오도록 명을 내렸다. 얼마가 지나지 않아 아이가 잡혀왔다. 가련하게도 아이는 두려움에 떨고 있었다. 왕은 어린 그를 차갑게 내려다보며 말했다.

“오늘 아침 나는 네가 왕궁의 담장에 올라 망고를 훔쳐가는 것을 보았다. 그것으로 불운을 맞게 되어 내가 손을 다치게 되었으니 처형당하기 전에 할 말이 있으면 해 보도록 하라.”

잠시 생각에 잠긴 칼리다사가 입을 열었다.

“폐하께 불운을 드려 대단히 죄송합니다. 폐하 그러나 생각해 보십시오. 폐하는 저를 보고 불운이 생기셨습니다. 그러나 또한 저를 보신 분도 저에게 불운을 주셨으니 그에 따라 그 분도 처형을 하셔야 하지 않겠습니까?”

칼리다사에 감동을 받은 왕은 그를 아들로 삼았다. 그리고 왕궁에서 생활하게 된 그는 본인의 자질을 향상하여 인도의 유명한 시인이 되었다.

부처님의 가르침에 의하면 피할 수 없는 운명이나 돌이킬 수 없는 운명은 없다. 본성에서 우러난 지혜는 어떤 상황에서

맞게 되는 결과일지라도 효과적으로 대처하게 한다. 이것이 아무리 사소한 것일지라도 운명적인 것을 바꾸어 나가는 힘이 된다.

초기불교의 교설 중에 하나인 '팔정도八正道' 중에 '바른정진 正精進'은 악업을 선업으로 바꾸는 힘을 뜻한다. 여기에는 네 가지 노력이 있어야 한다.

1. 일어난 악을 거부하려는 노력
2. 일어나지 않은 악을 방지하려는 노력
3. 일어나지 않은 선을 일어나게 하려는 노력
4. 일어난 선을 유지하려는 노력

"이 세상 모든 것은 아름답건만,
이것을 아는 사람은 적네."

공자님 말씀이다.

야마의 돌

한 상인이 있었다.

그는 장사로 큰돈을 벌어 형편에 여유가 생겼고, 감사한 마음을 올릴 생각으로 히말라야 깊은 곳을 향해 순례를 나섰다. 그러기를 며칠째, 가파른 산길에서 잠시 쉴 요량으로 바위에 몸을 기대어 눈을 감으려는 찰나에 눈이 번쩍 뜨였다. 가까운 돌무더기 속에 금덩이가 박혀 있었기 때문이다.

"이 정도면 장사 밑천을 더 늘릴 수 있을 거야."

상인은 자신이 누구인지, 무슨 목적으로 집을 떠나 왔는지 잊어버린 채 금덩이를 캐내는 데 정신이 팔려버렸다.

얼마 후에 거지 하나가 지나다가 또 이 보석을 보았다. 이 거지는 한 예언가로부터 전생에 지나친 욕심으로 지금의 과보를 받고 있다고 들었다. 그 예언가는 죄를 없애기 위해 탐욕을 버리고 경건한 마음으로 성지순례를 떠날 것을 권했고, 지금 순례를 시작하는 중이었다.

"저 금덩이면 거지 생활을 청산할 수 있을 거야. 하늘이 나에게 축복을 주신 게 분명해."

거지는 금덩이를 캐는 데 열중했고 머릿속은 큰 저택에 호화로운 생활이 끝없이 펼쳐졌다.

또 시간이 흐른 후에 수행자 하나가 이 자리에 앉았다. 그의 눈에도 역시 금덩이가 보였다. 수행자가 자리에서 일어났다. 그러나 그는 금덩이가 박혀 있는 곳으로 가지 않고 충분히 쉬었다는 듯이 산을 향해 올라갔고 더 이상 뒤를 돌아보지 않았다.

얼마 후, 발 하나에 의지해 고행을 하고 있는 이 수행자 앞에 수행자 모습으로 변장한 야마가 나타났다. 야마가 물었다.

"당신은 왜 보석을 갖지 않았는가?"

수행자가 말했다.

"나는 내 스스로가 보석이 되기를 원할 뿐이오."

그 말이 떨어지기가 무섭게 변신했던 야마가 본래의 모습을 드러내며 말했다.

"그 금덩이를 캐내기 위해 돌을 빼내다가 윗돌이 떨어져 모두 돌을 맞고 죽었지만 당신은 그러지 않았소. 당신은 진정으로 천상에 오를 가치가 있는 사람이오."

앞서 이 자리에서 죽어간 사람들을 알리고 수행자를 칭찬한 야마가 다시 축복을 내렸다.

"네가 목적한 바를 이루기까지, 나 죽음의 신 야마는 네 목숨을 거두지 않으리라."

우리가 일생을 바쳐 추구하는 것들의 실체란 무엇일까? 특히 재물의 경우는 그것이 복이 되기보다는 화가 되기도 한다. 재물은 사람의 눈과 귀를 가리기 때문에 재물의 해로부터 깨어 있지 않으면 가랑비에 옷 젖듯이 우리의 영혼도 좀먹어간다.

남보다 좋은 위치에 갔던 사람이 과거의 정당하지 못한 행동으로 인해 평생 일군 소중한 명예를 잃고 마는 경우를 우리는 자주 보게 된다.

종교인들이 새겨 들어야 할 이야기가 하나 떠오른다.

시주를 받으러 다니던 화주승이 강도와 우연히 산길을 같이 가다가 호랑이와 맞닥뜨렸다. 강도는 얼른 화살을 시위에 걸어 호랑이를 위협했으나 호랑이는 전혀 겁을 먹지 않고 가까이 다가왔다. 스님은 가진 게 없어서 할 수 없이 손에 쥐고 있던 시주장부를 호랑이에게 던졌다. 그러자 호랑이가 깜짝 놀라며 뒤로 물러서는 것이었다.

새끼 호랑이가 어미 호랑이에게 물었다.

"엄마, 강도는 무서워하지 않으면서 스님은 왜 무서워하는 거야?"

어미 호랑이가 말했다.

"강도는 내가 맞붙어 싸울 수 있지만, 스님이 나에게 뭘 시주하겠냐고 물으면 내가 무슨 수로 상대하겠느냐?"

재물은 없어도 괴롭고 많아도 번뇌로운 묘한 속성이 있다. 베풀면 더 큰 복이 굴러들어 오고 모으기 시작하면 어느 순간에 물거품처럼 사라지기도 한다. 재물에 초연하기는 어느 누구도 장담하기 어렵다.

돈에는 귀신(?)이 붙어서 땅에 묻어 놓아도 어느 때가 되면 발동하여 땅 위로 나오고, 물속에 잠겨 있다가도 떠오른다. 가만있으면 누구도 모를 텐데 스스로 떠벌리다가 탈이 붙는 경우는 또 얼마나 허다한가.

시주책에 맞은 호랑이가 고민스럽겠다.

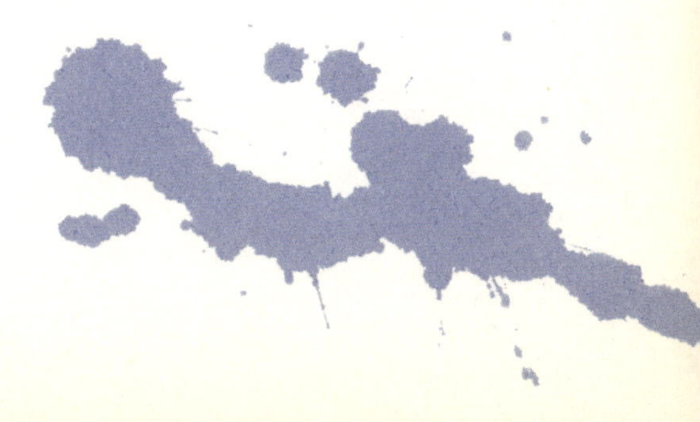

아향 阿香을 기다림

진나라 의흥 사람으로 성이 주周인 사람이 있었다. 그는 영화 永和 연간에 성곽 문을 나와 먼길을 떠났다. 날이 저물 무렵, 그의 발길이 이른 곳은 길가에 위치한 어떤 외딴 집이었는데, 막 자라난 작은 풀이 있었다.

그 집 앞에 어떤 여자가 나와 먼 곳을 바라보는 것이 보였다. 그녀의 나이는 대략 16,7세가량 되었으며, 용모는 단정하였고, 옷차림이 깔끔했다. 주가 아무 생각 없이 그 집 앞을 지나치는

데, 그녀가 주에게 말했다.

"날이 이미 저물었고, 앞 마을은 매우 먼데 어떻게 가려고 하십니까?"

이에 주는 하룻밤 묵어갈 수 있도록 해달라고 부탁을 하였다. 그녀는 주를 위해 불을 피우고 음식을 준비했다.

밤 여덟 시가 되자 밖에서 어린아이의 부르는 소리가 들려왔다.

"아향 阿香!"

그러자 그녀가 대답을 했고, 어린아이는 또 이런 말을 했다.

"관리가 당신을 불러 오랬어요. 뇌거 雷車를 밀라고 합니다."

그녀는 인사를 하고 방을 나갔다. 밤이 되자 큰 우렛소리가 들리더니 비가 내렸다. 다음 날 새벽이 되어 그녀가 돌아왔을 때, 주는 이미 말에 올라 있었다. 어제 묵었던 곡을 돌아보니 새로 만든 무덤이 하나 눈에 띄었을 뿐이었다.

뇌거가 무엇이냐면 천둥 번개와 비를 싣고 다니는 하늘의 수레이니 아향 阿香은 '뇌신 雷神, 우레의 신' 인 것이다.

『법원주림 法苑珠林』이라는 당 唐 시대668에 편찬된 책에 나오는 이야기이다. 이 책은 불교의 사상·술어·법수法數를 비롯해, 설화, 스님들의 기행, 불탑과 가람의 건립과 그 공덕, 불보살에 대한 공양법 등 여러 가지 자료를 집대성한 백과사전이라 할 수 있다.

　전체 100권을 100편, 660부로 분류하고 불교의 사상과 술어를 설명하고 있다. 약 410여 종의 각종 경전과 문헌 자료에 기초해서 기술하고 있으며 각 경론서의 인용도 풍부한 편이다. 여기서 인용한 경론서 가운데는 현존하지 않는 것들도 있어 귀중한 자료로 평가될 뿐만 아니라 편집 체제가 내용별로 구분되어 있어 사용자들의 편리를 도모하고 있다.

　혹 천둥 번개가 치며 먹구름이 피어오르기 시작하면 난, 저 하늘 어느 언저리에 아향阿香이 수레에 우레와 비를 가득 담고 있으리란 상상을 해 보곤 한다. 이런 상상이라도 하고나면 내리는 비에 사연이 담긴다. 이야기가 주는 선물이랄까?

독수리와 까마귀

독수리 한 마리가 높은 바위 위에서 내리꽂히듯이 날아와서 양 한 마리를 낚아채서 날아갔다.

이를 본 까마귀가 부러워하며 자신도 똑같이 해 보기로 마음먹었다. 까마귀는 독수리처럼 날아가서 잘 생긴 숫양의 등을 움켜쥐었다. 그런데 억세면서도 둥글둥글 말린 양털에 발톱이 끼어 도망칠 수도 없었다.

놀란 양치기가 달려와서 까마귀를 잡고는 날개 끝을 잘라버

렸다. 날지도 못하고 뒤뚱거리며 걷는 까마귀를 보고 동네 아
이들이 무슨 새냐고 물었다.

양치기가 대답했다.

"글쎄, 내가 보기에는 까마귀 같은데 저 새는 자기가 독수리
라고 생각하는 모양이야!"

인간은 원래 반쯤 길들여진 동물과 같으므로 이들을 다스리
기 위해서는 짐승 다루는 법이나 짐승의 도를 배워서 적용해
야 한다고 말하기도 했던 사람은 『군주론』을 쓴 마키아벨리
1469~1527 다.

그에 따르면 군주는 사자와 여우의 기질을 배워서 여우처럼
함정을 피하고 사자처럼 늑대를 혼내 주어야 한다. 인간 세계
도 마찬가지여서 단순한 도덕성에 따라 움직이지 않는다는 것
을 그는 꿰뚫어보았다.

우리 주변에는 이런 사람을 얼마든지 찾아볼 수 있다. 그리
고 스스로도 이런 착각에 빠져들기도 한다. 나의 가까운 사람
이나 가족이 이런 일을 저지른다면 무척 화가 날 것이다.

여우는 유연하다. 그는 진퇴에 능하다. 그렇지만 사자가 되지 못하는 것은 너무 빨리 판단하고 행동하는 바람에 믿음을 주지 못하기 때문이다. 위엄은 느리고 고요함에 있다. 사자가 동물의 왕이 되는 것은 그의 실수를 줄이는 완벽함에 있는지도 모른다. 실수가 없으면 신뢰를 주는 것은 당연한 이치다.

늑대는 철저히 개인의 이익에 따라 행동하는 상징이다. 여우는 가끔 사자라는 권력에 붙어 협력함으로써 이익을 얻는 최소한의 최면이라도 있지만, 늑대는 모멸차다.

그렇다면 절대 권력을 가진 사자는 어떻게 멸망하는 것일까. 절대 권력은 절대 부패하는 속성이 있다. 즉 내부에서의 사소한 것을 더 얻기 위한 경쟁과 질시가 부패의 시작이다.

이것을 부처님은 사자는 사자의 몸에서 생긴 벌레로 인해 없어진다고 비유하셨다.

결국,
어리석은 판단과 행동이 파멸의 원인이라는 말씀.

 슬픔

삶이 성숙되어 갈수록 우리는 슬프고 아프다.
세상을 거쳐 간 모든 물이 바다에 모이면 짠맛으로 변한다.
이 짠맛으로 인해 탁류도 정화가 되어
어느 햇살 좋은 날 하늘로 오른다.
눈물을 흘려보지 않는 사람은 아직 세상을 모른다.
세상은 어떤 이유로도 아프고
이유 없이도 아프다.
그래서 슬프고 슬프다.
모든 감정은 순환 고리가 있어서 처음에 시작했던 감정이
한순간에 다른 감정으로 말을 갈아타기도 한다.
그래서 기뻐도 울고 슬퍼도 운다.
아픈 눈물을 흘리다가 문득 삶의 환희에 눈을 뜰 수도 있다.
우린 삶을 모른다.
존재의 고독과 슬픔.
이 슬픔의 바다를 건너려면 배우고 익혀야 한다.
진리를 배우라.
진리는 나를 홀로 버려두지 않는다.

대상은 결국 구속이 된다.
궁극에 홀로 설 수 있는 자라면
그에게 모든 우주가 모여든다.

더 슬퍼야 철이 든다.
슬픔에 대한 여행이다.

스님! 행복했습니다

딱 한 번 나는, 나의 불운을 원망하여 불평한 적이 있다. 당시 너무나도 가난하여 신발을 마련할 수 없었기에, 아린 맨발로 투덜거리며 쿠파 신전으로 들어갔다. 그때 거기서 나는 발 없는 사람을 보았다.

법정 스님 가신 지난 며칠간은 13세기 페르시아의 시인 사아디의 시가 떠올랐다. 어떤 상황, 어느 위치에 처하더라도 아래·위의 간극은 분명히 존재한다. 이 심연을 들여다볼 수 있는 안목과 가슴을 지닌 사람, 그는 이미 현자이다.

인간이 실현할 수 있는 삶의 자유의 한계는 어디까지일까. 우리는 법정 스님의 삶에서 '무소유' 라는 자기 초극의 메시지를 교훈 삼을 수 있다.

내가 스님을 처음 뵈었던 것은 광주 민주화운동의 파고가 절정을 치닫던 1980년 봄, 광주 시민회관에서 있었던 강연회에서였다.

"원한을 원한으로 갚지 말라. 원한을 원한으로 갚아서는 원한이 쉬어지지 않나니, 원한을 버리는 게 그 원한을 갚는 길이요, 영원한 진리이다."

이런 말씀, 참으로 낯설기만 한데 모든 투쟁과 폭력의 뿌리를 나로부터 제거함으로써 자유로워질 수 있다는 '비폭력', '아힘사' 의 정신을 그때는 모르고 있었다. 나에게 불교는 그렇게 다가왔다.

내가 출가하였을 당시 큰절에는 구산 큰스님, 불일암에는 스님이 계셨다. 음력 설을 지나 곧장 출가했기 때문에 암자로 설 세배를 다닐 때에도 난 여전히 '속복행자' 를 벗어나지 못하고 있었다.

우리는 불일암에 설 세배를 올라갔다. 행자 반장이 스님께 기별을 넣었다. 스님은 털모자를 쓰고 나오셨다. 그런데 보통 우리들처럼 딱 달라붙게 쓰시는 게 아니라 모자 끝이 머리 뒤로 처져 내려오는 모양이었고, 얇고 촘촘하게 짠 짙은 회색 모자에 아래엔 행전을 두르고 계셨다.

'아, 서 있는 사람들 뒤표지의 모습 그대로시구나!'

스님은 우리를 향해 "번거로운데 그냥 선 채로 세배하자. 행자 기간은 평생 중노릇 할 농사를 짓는 일이니, 즐겁게 복을 지으라" 하셨다.

한 산중에 있다고는 하지만 스님을 자주 뵙기는 어려웠다. 큰절의 행사나 공개적인 자리가 아니면 잘 나타나지 않으셨기 때문이다. 스님은 '일식삼찬'을 철칙으로 삼으셨다 하는데, 실제 행자들이 불일암으로 올려 드리는 반찬은 깻잎, 검정콩조림, 연근조림 같은 며칠씩 두어도 잘 상하지 않는 것들이었다.

누군가, 김치는 독에 넣어 묻어 놓고 드시기 때문에 마른 반찬 위주로 드리는 거라 했다. 아마 냉장고도 없지 싶었다. 행자들에게는 각각 소임이 있었다. 그중에 가장 선망의 소임은 불일암 우편물 소임이었지만 나와는 영 인연이 닿지 않았다.

스님은 유머와 재치가 있으셔서 항상 주변을 즐겁게 해 주셨다. 특히 꽃이나 나무, 자연생태나 기후까지 다방면에 이야깃거리가 많으셨다. 그런데 당신의 책에 대해서만큼은 이상하리만치 직접 언급하지 않으셨다.

『버리고 떠나기』의 출간 시점일까…, 스님의 거처가 강원도로 옮겨지고는 뵙기가 더욱 어려워졌다.

벌써 지난겨울의 일이 되어 버렸는가. 문중의 어른이 병에 차도를 보이지 않으시니 모두들 걱정이 이만저만이 아니었다. 생전에 스님을 마지막 뵈었을 때는 결과적으로 열반하시기 일주일 전이었다.

"스님, 보경입니다."

스님은 고개를 끄덕이셨다. 그 눈빛, 그 표정들은 여전하신데 믿을 수 없는 일이었다. 손을 잡아드리니 스님의 힘줄 하나하나의 전율이 몸에 느껴졌다. 기운을 모아 가느다랗게 하신 말씀은 두 가지였다.

"고생한다."

"글이 좋다."

지난가을에 책을 내고서도 쑥스러워서 말씀을 못 올리고 길상사에 놓고 왔었는데 보셨던가 보다. 이 와중에도 나의 조그만 것까지 기억해 주시구나 싶으니 목이 메었다.

"스님, 일어나셔야지요."

스님은 고개를 끄덕이셨다.

오래 계실 것만 같았다. 그렇게 잊고 있던 오후의 경전강의 중간에 열반 소식을 전해듣고 길상사로 건너갔다. 스님은 요 위에 얼굴만 드러낸 채 가사를 덮고 계셨다. 평온한 방 안의 분위기로는 늦은 오후의 햇살이 든 것 같기도 했고, 이미 허공에 산화되신 듯 꽃가루처럼 자유롭게도 느껴졌다.

장례 절차는 우리가 생각했던 것보다도 훨씬 더 간명하게 공표되었다. 죽음은 이처럼 뜻대로 되지 않는다는 것인지, 생전에는 한 번도 주무시지 않았던 길상사에서 하루를 보내고 조계산으로 운구되었다.

큰절에는 가장 먼저 봄을 알리는 산수유가 노란 꽃봉오리를 방울방울 달았고, 계곡의 물도 사람도 충분히 넘쳐나고 있었다. 관도 없고 꽃상여도 만장도 없이, 낮은 평상에 가사 한 장만 덮은 법구는 도량을 돌아서 다비장으로 향하였다. 어쩌면 이러한 파격적인 장례는 형식을 초월하여 아무렇게나, 간소하게 하면 할수록 의미가 더욱 깊어지는 스님만이 누리는 특권이었다.

다비가 시작되면서, "스님, 불 들어갑니다. 나오세요!" 외치지만, 이미 스님은 그 속에 계실 것 같지 않았다. 스님은 젊어서 폐렴으로 고생하셨다고 하고, 만성이 된 천식이 있었음을 빈소에서야 비로소 들었다. 아궁이에서 하루 불을 지피며 마시는 연기의 해로움이 '담배 일곱 갑'과 같다고 하니 산중생활이 얼마나 힘드셨을지….

자정이 가까운 시간, 용산역에 도착하여 플랫폼의 가파른 계단을 오르는데, 난 육신의 몸으로 걷지만 스님은 생각만으로도 오고가는 데 걸림이 없다는 차이, 하지만 이 차이가 삶과 죽음의 경계임을 생각하자 눈물이 하염없이 흘러내렸다.

책 절판의 용단은 '무소유'의 대단원이다. 이제 우주의 '빈空' 역사에 기꺼이 드시겠다는 선언이고 보면, 스님은 우리보다 머리 하나 크기만큼 더 높이 계셨던가 보다. 인간은 더 낮아질 수 있고, 더 비울 수 있음을 스님은 응시하셨던 거다.

인간세는 모여들면 권력 관계를 형성하는 숙명이 있기에 스님은 송광사에 관련된 것 말고는 어떤 자리에도 오르지 않으셨다. 그러면서도 대중 강연회나 글로써 부처님의 가르침을 전하는 일에는 근면하셨으니, 이것은 이 시대의 우리가 스님께 지고 있는 커다란 빚임을 잊지 말아야 하리라.

생각해 보면 스님은 항상 행전을 차시고, 숲길에서도 팔을 저으며 걸으셨다. 이제 불일암 비탈을 힘차게 오르시던 스님을 더 이상 뵐 수 없다. 불일암 주변의 허리 곧은 편백나무 숲과 암자의 경계를 둘러 서 있는 대숲 바람이 스님을 또 얼마나 그립게 할지 상상만으로도 두렵고 아찔해진다.

이생에 무슨 복이 있어서 스님을 뵈었을까. 행복했던 만큼, 스님을 잊기가 쉽지 않을 것이다.

스님, 빨리 다녀오셔야겠습니다!

삼각산 일로향실에서 보경 분향

* 이 글은 스님을 추모하는 마음에서 『불교신문』 3월 18일
자에 올렸던 기고문이다. 글을 읽고 슬퍼서 다시 울었다는
이야기들을 들었다. 이 글을 썼던 것은 스님께서는 누구보
다도 글을 사랑하셨으니 부족하나마 추모의 마음을 기록
해 두고 싶은 마음에서였다. 내가 조계산에서 스님을 뵙게
된 인연이 새삼 감사하고 행복한 생각이 들면서 그런 만큼
스님의 빈 자리가 아프게 느껴진다. 스님이 그립다.

봄엔 아파야 한다

꽃잎은 하염없이 바람에 지고　　風花日將老
만날 날은 아득타 기약이 없네　　佳期猶渺渺
무어라 맘과 맘은 맺지 못하고　　不結同心人
한갓되이 풀잎만 맺으려느냐　　空結同心草

이 시는 중국 당나라 때 여류시인 설도薛濤, 770~832의 「춘망
사春望詞」 4수 중 세 번째다. 김성태1910~ 작곡으로, 우리나라

사람들의 애창곡에 많이 꼽힐 만큼 친근한 가곡 '동심초' 가
사이기도 하다. 이 시의 한글 풀이는 김소월1902~1934의 스승
인 안서 김억1896~?의 것이다.

설도는 당시의 수도인 장안長安에서 태어났고, 하급 관리였
던 부친의 죽음에 따라 가세도 기울어 16세에 '악적樂籍—기
생'의 길에 접어든다.

어린 시절, 그녀가 아버지와 함께 정원에 앉아서 나무 한 그
루를 놓고 시를 주고받은 적이 있었다. 먼저 아버지가 "마당
에 늙은 오동나무 한 그루, 줄기가 구름 속에 솟아 있네[庭除
一古桐 聳干入雲中]." 하자, 설도가 화답했다. "가지는 남쪽 북
쪽의 새들을 맞고, 잎은 오고가는 바람을 보내는구나[枝迎南
北鳥 葉送往來風]."

이 시를 들은 아버지는 울었다 한다. 뭇 새와 바람을 맞이하
는 나무와 잎. 어찌하랴, 주인이 없으니. 그녀는 훗날 열 살 아
래의 원진779~831과 각별한 정이 있었지만 이뤄지지 못하고,
성도成都의 완화계浣花溪라는 냇가 대숲에서 홀로 살아갔다.

한번은 우리 불일미술관에서 꽃꽂이 전시가 있었다. 준비의

정성을 생각한다면 한 며칠 더해도 되지 싶은데, 꽃꽂이 전시는 흔히 하루만 한다나? 절정에서 잠깐 머물다 소멸된다는 것이 무척 허무했다. 그래서 '아! 봄이 잔인할 수 있겠구나' 했다. 하긴 이 비장함이 미의 본질이기도 하다.

『화엄경華嚴經』의 '화華'는 '화花'와 함께 쓰인다. 꽃이 마음의 '인因, 원인'이고, 부처님은 불법의 '과果, 결과'에 해당된다.

어쩌면 봄은 개척자의 정신인지도 모른다. 꽃이 꽃에 머무르면 결실을 맺을 수 없다. 향기가 아까워 움츠리고 잎을 열지 않으면 다음 차원으로 넘어가지 못한다. 힘들어도 포기할 건 포기하고, 아쉬워도 털 건 털어야 하고, 아파도 떠날 땐 떠나야 한다.

인생의 가을과 겨울이 익숙한 것으로의 귀향이라면, 봄과 여름은 떠나고 땀 흘리는 노동이다. 미약할지라도 공을 들이고 준비하면서 누가 알아주지 않아도 할 일을 하는 것이다. 향기의 주인은 꽃이 아니다. 향기는 그것을 필요로 하는 자의 것이다. 보살행의 원력을 갖는 순간, 이 향기는 바람을 타고 세상을 향해 퍼져 나간다.

뒤뜰에 나갔더니 화답이라도 하듯
라일락이 지고 있었다.

아들 무덤에서

나는 시나에서 어린 아들을 잃었다.

그 슬픔을 어떻게 말로 표현할 수가 있겠는가? 아들은 어린 삼나무 같았건만 죽음의 바람이 그 뿌리를 뽑아버렸다. 내가 속으로 할 수 있는 말은 이 한 마디가 전부였다.

'아들은 순결한 몸으로 돌아갔는데 나는 여태 때 묻은 늙은 이로 남아 있구나.'

하루는 미칠 것만 같아서 아들 무덤으로 달려갔다. 돌 뚜껑을 벗기자 어두운 무덤 안이 보였다. 나는 겁도 나고, 무엇을 어찌해야 좋을지 몰라서 그 자리에서 쪼그려 앉았다.

바로 그 슬픔과 비통 속에서 사랑하는 아들의 음성이 들리는 것 같았다.

"아버지, 어두운 무덤 속이 무섭나요? 그렇거든 손에 등불을 밝혀들고 오세요. 무덤 속처럼 어두운 세상이 대낮처럼 환해지기를 바라시나요? 그러면 망설이지 말고 선행의 등불을 밝히세요."

이 이야기는 페르시아의 위대한 시인이자 이야기꾼인 사아디 1213~1291의 것이다. 쉬라즈에서 태어나 그곳에서 죽었다 한다. 말년에는 사드 아 파바크 왕실 계관시인으로 추대되었다.

그는 초년에 고아가 되어 몽골의 침략으로 삼십 년 세월을 유럽과 중앙아시아, 북아프리카, 인도 등지를 떠돌며 방랑자로 살아야 했다. 아마 몽골의 서방 침략은 인류 역사에 거대한 폭풍이 아니었을까 싶다. 이로 인해 화약, 나침반, 종이와 인쇄술이 서방에 서구문명의 변혁을 이끌었다.

그리고 정신적인 측면에서도 피폐해진 삶 속에서 영혼의 고결함을 깨달았던 정신적 인물들이 많이 나타나기도 하였다. 사아디는 노예로 팔려 트리폴리에서 강제 노역을 하기도 했다. 말년의 왕성한 집필로 스물세 권의 책을 낸 것으로 전해지는 인물이다.

사아디는 절망의 순간에도 절망하지 않았다. 삶이 어렵다 하여 부귀영화가 충만한 삶을 꿈꾸는 것으로는 특별할 게 없다. 생각해 보라. 삶은 삶일 뿐이다. 특별하다면 단지 삶을 보는 나의 진실한 시선이 달라질 뿐이다. 그가 특별하게 느껴지는 것은 삶의 환경을 개선하는 데 있지 않다. 그는 단지 진실을 가슴 가득 느끼고 받아들이고 싶었던 것이다.

어린 삼나무 같은 자식을 묻어야 하는 아픔, 누구에게나 있다. 2010년 현재 우리나라는 하루 40명꼴로 자살하는 사회이다. 지금 글을 쓰고 있는 순간에 백령도 앞바다에서 해군함 '천안호'가 원인불명의 폭발사고로 인하여 배가 두 동강이 나고 전복되면서 일부는 구출되고 46명의 신원이 아직 파악되지 않고 있어 방송에서는 계속 속보가 쏟아지는 상황이다.

그런데 순전히 사람들의 손과 눈이 닿지 않는 곳에서 이렇게 생명들이 스러져가고 있는 것이다.

죽음은 소멸이고 자살은 절망이다.
희망이 없으면 사람은 죽는다.

아무리 좋게 생각하려 해도
우리 사는 사회는
정상적인 사회가 아니다.

마음으로 바라는 것

아픈 사람에게 누가 물었다.
"당신 마음으로 바라는 게 무엇이오?"
그가 대답했다.
"이 마음으로 무엇이든 바랄 수만 있다면, 더 바랄 게 없겠소."

아, 얼마나 아프면 이 정도일까. 난 이 부분을 읽고는 너무나 놀랐다. 마음으로야 무엇인들 바라고 말하지 못하랴. 그런데 그는 그마저도 놓아버렸다. 물리적인 상황이 그럴 수도 있고, 마음은 이미 초탈하여 다 벗어버렸을 수도 있다.

삶이 부족하다고 아우성치는 사람이라면 이 시를 백 번이라도 읽어 보라. 내가 강이라면 그냥 흘러가면 된다. 내가 바람이라면 불면 된다. 물이 흐르는 곳이 강이기 때문에 그는 강둑을 걱정할 필요가 없다. 그것은 강둑의 몫이다.

장미는 장미로서 훌륭하지 국화와 닮을 수는 없다. 내가 성스러우면 닿는 물은 이미 갠지스강의 성스러운 물이다. 벌거숭이 야산도 거룩한 마음으로 보면 히말라야를 뛰어 넘는다.

이 세상을 행복하게 살 수 있는 비결은 사랑과 자비의 마음이다. 이 따뜻한 마음만이 나를 홀로 버려두지 않고 세상과 연대하는 끈이 된다. 다시 사아디의 이야기를 귀 기울여 보라.

한 소년이 내게로 다가오는데, 양 한 마리가 종종걸음으로 그 뒤를 따르는 게 보였다. 내가 소년에게 말했다.

"고삐 끈이 너무 짧은 것 같구나. 그러다가 양에 걸려 넘어

질라."

소년이 웃으면서 고삐 끈을 놓아 주었다. 양은 기쁨에 넘쳐 깡충거리며 저만큼 달아났다. 그런데 소년이 다시 걸음을 떼어 놓자, 양이 서둘러 소년에게로 다가오더니 아까처럼 바짝 붙어 따라오는 것이 아닌가. 소년이 양의 입에 보릿짚을 넣어주면서 말했다.

"옳으신 말씀입니다. 그런데요 보시다시피 이 고삐 끈 이름은 친절과 사랑입니다."

이 이야기만큼은 더 설명하고 싶지 않다.

좋은 사람, 나쁜 사람

부처님이 어느 나라 마을 호의암라 동산에 계실 때의 일이다. 어느 날 이 마을에서 장사를 하는 외도 한 사람이 찾아왔다. 그는 나이가 120세나 되는 노인으로 오랫동안 장사를 하다 보니 친구와의 우정과 배신에 대해 많은 것을 생각하게 되었다. 그가 부처님께 물었다.

"어떤 친구가 착한 척 겉모습만 꾸미는 친구입니까? 또 어떤 친구가 두 몸을 한 몸처럼 생각하는 좋은 친구입니까?"

부처님께서 일러주셨다.

"마음으로는 진실로 싫어하면서 입으로는 좋다고 말하는 사람, 입으로는 은혜롭고 부드러운 말을 하면서 마음으로는 그렇지 않은 사람, 일을 같이 하면서도 하는 일마다 속으로는 어긋나는 사람이 있다. 이런 사람은 착한 척 겉모양만 꾸미는 사람이니 그는 좋은 친구가 아니다. 그러나 두 몸을 한 몸같이 생각하는 좋은 친구는 어떤 일을 할 때 방해하거나 의심을 품지 않으며 허물이나 꼬투리를 잡으려 하지 않는다. 착한 친구를 의지하는 편안함은 자식이 아비의 품에 안긴 듯하여 아무도 그 사이를 뗄 수 없으니, 이런 친구가 좋은 친구다."

잡아함 35권 978경 〈상주경〉

사람을 잘 알아보기가 쉽지 않다. 친절하고 호의를 베풀던 사람이 돈을 빌려가더니 오리발을 내밀며 돌변하는 경우가 없지 않다. 그렇게 믿던 사람이건만 어려운 순간에 도리어 자신을 빠져나올 수 없는 궁지로 모는 경우는 또 얼마나 흔한가. 빤히 알면서도 감언이설에 속지 않기가 정말 어렵다.

이런 비슷한 얘기는 공자님 말씀에도 있다. 『논어』 「자로」편
에 있는 이야기다.

　자공이 물었다.
　"고을 사람들이 모두 좋아한다면 어떻습니까?"
　공자께서 말씀하셨다.
　"안 된다."
　자공이 다시 물었다.
　"고을 사람들이 모두 싫어한다면 어떻습니까?"
　공자께서 말씀하셨다.
　"안 된다. 고을의 좋은 사람들이 좋아하고 나쁜 사람들이 싫
어하는 것만 못하다."

여기서 인간의 함정을 본다. 흔히 많은 사람들에게 좋은 사
람이라는 말을 듣고 싶어 하고 그것을 처신을 잘하는 것으로
생각하기 쉬운데 공자님은 그렇지 않다고 했다. 나는 이런 부
분이 논어의 매력이라 생각한다. 그리고 인간사회의 잡다한
것에서 스스로를 존귀하게 함으로써 종교적인 경이로 끌어올

리는 유가철학의 묘미를 발견한다.

이 말은 「위령공」편의 "여러 사람이 싫어하더라도 반드시 살피고, 여러 사람이 좋아하더라도 반드시 살핀다"는 내용과 흡사하다. 현혹되지 말고 냉철하게 사고하는 습관을 기르라는 것이다.

이렇게 닦아가는 자세가 점점 고차원적으로 나아가는데, 「위령공」편에는 이어지는 다음의 말을 주의 깊게 보라.

"사람이 도를 넓히는 것이지, 도가 사람을 넓히는 게 아니다."

밖으로부터 오는 삶은 없다. 행복과 조화는 본래의 자기 자신이 되어 자연스럽게 살아갈 때 우리에게 찾아온다. 나무는 자신의 꽃을 피우기 위해 열중한다. 밤나무에서 밤꽃이 피고 감나무에서 감꽃이 핀다. 그들은 닮으려고 하지 않는다.

자연의 아름다움은 다양함에 있다. 붉은 꽃은 더 붉으려 하고, 노란 꽃은 더 노랗기 위해 힘쓸 뿐이다. 붉어서 행복하고 노랗기에 행복하다. 다른 무엇이 되는 상상을 자연은 하지 않는다. 누군가를 무작정 따라하고, 진실과 상관없이 명성을 부풀리려고 하는 것이 인간의 병통이다.

법정 스님께서는 누구보다 명성이 있으셨지만 사리탑도 세우지 말라 하셨다. 그냥 꽃밭에 뿌려 달라 하셨다. 당신에게 기쁨을 줬던 강원도 오두막의 꽃밭에 말이다.

하긴 "이름이 높으면 무정한 돌에 새길 필요가 없다. 오가는 사람들의 입이 비석이다"는 말도 있긴 하다.

좋은 사람, 그는 분명 아름다운 사람이다.

당신을 향한 그리움

『논어』 「자한」편 다음의 이야기는 사랑하는 사람을 그리워하는 『시경』에 나오는 시인데 해석은 일정하지가 않다. 너무 뜻을 깊게 헤아려서도 그렇고 의도하는 바가 있을 것이라는 추측 때문에도 그렇다.

그런데 이 옛 시를 공자님은 현실적으로 간략히 규명하였으니, 그냥 한 번 읽어 볼 뿐이다. 그런데 이상하게 여운이 많이 남고 자주 인용하여 써먹게 된다. 물론 나의 경우이지만 다음을 보라.

　"장미꽃이 이리저리 흔들리는구나.
　어찌 너를 생각하지 않으랴.
　너무 멀리 살고 있어서이다."

　이에 대한 공자님 말씀.
　"참으로 생각하지 않는 것이니, (마음에 있다면) 멀 것이 있
겠는가."

　너무 멀리 떨어져 있으니까 흔들리는 꽃만 봐도 생각이 난다
는 말도 되고, 진정 생각한다면 항상 가까이 있는 것과 같고,
아니면 행동에 나설 수밖에 없다는 여러 가지 함의가 있다.

　눈 밝은 이는 풀어보시라!

슬퍼서 더 슬프다

기왕岐王의 저택에서 심심치 않게 보았었고
최구의 대청 앞에서 몇 번 듣기도 했었지
강남의 풍경이 가장 좋은 이때
꽃이 지는 이 시절에 다시 그대를 만났구려.

이 시는 당나라 시인 두보의 절구 「강남에서 이구년을 만나
다」의 내용이다. 이구년李龜年은 당 현종 시기에 활동했던 명창

으로서 현종에게 특별한 대접을 받았다. 이구년은 귀족이나 궁궐의 장막에 올려진 음악가였고, 인위적이고 가식적인 분위기에 살았던 것이다.

그는 주로 궁궐과 장안 귀족들의 호화로운 집에 초대되어 다녔다. 그러다 안사의 난 때문에 강남으로 피신을 가서 유랑객이 되어 떠도는 신세가 되었다. 그러던 차에 두보를 만났다.

그러나 민생의 삶이 도탄에 빠지고 자신마저 옛 영화를 벗어나 산천을 떠돌아야 하는 입장에서 다시 옛 사람을 만난들 무슨 의미가 있겠는가. 더구나 옛 사람들은 자신의 영화를 기억할 것이고 초라한 지금에 누가 자기를 고이 보아줄 것인가.

때는 낙화의 시절. 이제 아무런 치장도 없는 자연 속에서 소리를 청해들으니 단지 소리로서만 평가를 받을 수 있다. 어쩌면 인생무상하고 세상사 부질없는 그 끝에서 한 사람은 부르고, 한 사람은 듣는 광경이 애잔하기만 하다.

숙명을 보는 힘을 길러야 한다.

대상행렬이 뜨거운 사막을 건너지르고 있을 때, 새끼 낙타가 어미 낙타를 불렀다.

"엄마, 조금만 쉬었다 가요."

어미 낙타가 말했다.

"이 바보야! 내가 이 굴레를 마음대로 썼다 벗었다 할 수 있다고 생각하니? 그럴 수만 있었다면 이 행렬에 끼지도 않았을 게다."

우리는 삶을 다 말하지 못한다.
알아도 살고, 몰라도 산다.

삶이여! 그렇게 만나고 진행되고 헤어지는 것인지.

저 너머에서야 쉴 수 있다

『순자荀子』 「대략大略」에는 다음과 같은 공자와 자공의 대화가 나온다. 자공이 공자에게 하나 물으면 공자가 그에 대해 답하는 형식이다.

"제가 배우느라 피곤하니, 군주 섬기기를 쉬고 싶습니다."
"어버이를 섬기는 것을 쉬고 싶습니다."
"처자를 거느리는 것에서 쉬고 싶습니다."

"친구를 사귀는 것에서 쉬고 싶습니다."

"논밭을 경작하는 것을 쉬고 싶습니다."

이때마다 공자는 『시경』의 이야기를 들어 인간의 도리를 다 하는 길이 있을 뿐 쉴 수 없다고 하였다.

그러자 자공이 "그럼 저는 쉴 수 없는 것입니까?" 물었다.

공자가 말했다.

"저 황야를 보거라. 흰 듯하며 찬 듯하며 막힌 듯하지 않느냐. 그곳이 바로 쉴 곳이지."

다시 자공의 탄식이 이어진다.

"위대하도다. 죽음이여! 군자도 쉬고 소인도 쉴 수 있도록 해 주는구나!"

이 대화를 하면서 공자는 저 들판 너머를 말없이 응시했다고 한다. 삶도 미지의 것이고 죽음도 미지의 것이다. 이 풀릴 길 없는 존재의 심연을 우리는 어떻게 말할 수 있을까.

부처님은 45년의 설법에도 불구하고 "한 법도 설한 바가 없다"고 했다. 해도 함이 없다는 것은 그 굴레에 갇히지 않는다는 뜻이다. 자기 것에 구속되거나 얽매이지 않아야 진정으로 자유

롭다고 할 만하다. 이런 의미에서 침묵은 인간의 언어체계를
한 단계 도약하는 강렬한 메시지를 전달할 때 자주 쓰인다.

『논어』「양화」편에 나오는 내용이다.

　공자가 말했다.
　"나는 말하지 않으려 한다."
　자공이 말했다.
　"선생님께서 말씀하지 않으시면 저희 젊은 사람은 무엇을
전달하겠습니까?"
　공자가 말했다.
　"하늘이 무슨 말을 하는가? 사계절이 운행되고 만물이 생장
하나 하늘이 무슨 말을 하는가?"

말 없는 가운데 모든 것이 질서정연하게 이뤄지는 자연의
신묘함을 생각하면 인간의 지혜는 간사하기 이를 데 없다. 우
리가 무엇을 안다하랴. 동양사상에서 침묵은 대자연의 본질에
부합하는 하나의 과정이다. 자연과 하나되는 '천지합일'의 도

는 인간의 설명을 필요로 하지 않는다.

"싹이 텄으나 꽃이 피지 못하는 것도 있고, 꽃이 피었으나 결실을 맺지 못하는 것도 있다"는 「자한」편의 말씀처럼 그 변화를 측량하기는 간단한 일이 아니다.

법정 스님께서 열반에 들며 당신의 모든 저서를 절판하라는 최후의 말씀을 남기셨다. 모두들 뜻밖의 유언에 놀라는 것 같았다. 30여 년을 한 산중의 어른으로서 모시면서도 스님의 영혼의 깊이를 모르고 있었던 것 같아서 난 더 괴로웠다. 그리고 젊어서의 『무소유』에 쓰셨던 '마지막 유언'을 한 치도 어긋나지 않게 실행하시는 것을 보고 정말로 저렇게 살아야겠다는 생각을 많이 하고 있다.
뒷사람의 일은 그들의 몫으로 남겨두면 그만이다. 사는 동안 사는 듯이 살다 가면 되는 것이다.

중국 당나라 때의 선종의 거사인 방거사는 자신이 수행을 결심하고는 자신의 가재도구를 배에 싣고는 동정호 한 가운데

쏟아버렸다. 사람들이 아까운 것을 나눠주지 왜 버렸느냐고들
했던가 보다. 이 말에 방거사는 단호했다.
　"나에게 독이 되는 것을 어찌 남에게 줄 수 있겠는가."

　안과 밖이 한결 같은 영혼은 어디에나 있다.

　보고 아는 것은 스스로의 몫이다.

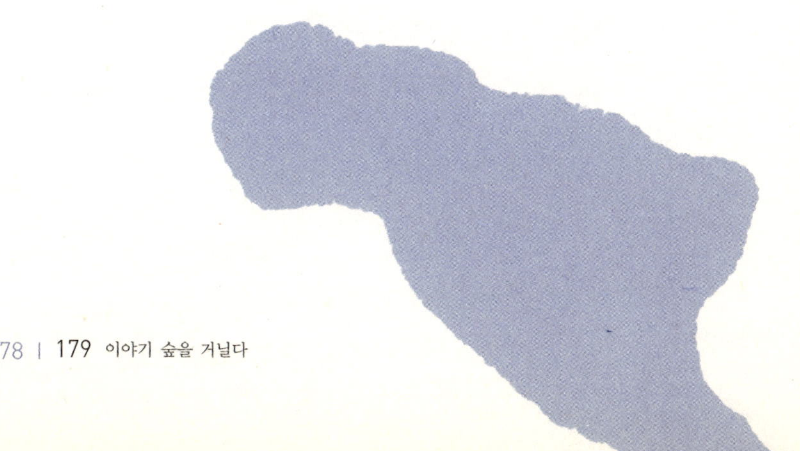

일본의 한 선승에 대한 이야기

　메이지 무렵에 하라단산이라는 걸승이 있었다. 그 스님은 처음에는 유학자였다. 그는 자신의 지식에 얼마간의 자신이 있었던지라 누구와도 논쟁하길 즐겨했다.

　한번은 조동종의 한 스님과 논리 대결을 펼치게 되었다. 그런데 골탕을 먹이고 싶었던 당초의 맘과 달리 오히려 그 스님을 당해낼 수 없어서 자신이 망신을 톡톡히 당하고 말았다. 대신 이 일을 계기로 하라단산은 선 수행에 열을 올리게 되었다.

자신이 유학자 출신인지라 절을 지키는 쪽보다는 자유분방
하게 선을 참구하는 데 전념했기 때문에 소소한 승행을 익히
는 데는 자연 소홀하기 마련이었다. 선 수행에는 어느 정도 진
보가 있었지만 대중생활에는 맞지 않는 경우가 많다 보니 핀
잔을 듣기 일쑤였고, 결국은 스승으로부터 파문당해 절에서
쫓겨나고 말았다.

우리 식의 '산문출송'을 당한 그는 달리 의지할 곳이 없었
다. 유학을 배우면서 주역을 익혔던지라 살아갈 방편이 아예
없는 것은 아니었다. 그래서 아사쿠사의 관음상이 있는 경내
에서 주역점을 쳐주면서 생계를 유지해갔다.

이 하라단산 스님을 당시 동경대학의 한 학장이 눈여겨보고
는 쓸모 있다고 여겨서 초대 인도철학 강사로 초빙했다. 그는
다시 학구열을 보여 산스크리트어를 부지런히 익혀갔다.

그 동경대 학장이 운명하여 장례식을 치르게 되었다. 하라
단산은 아직 스님 신분이었기 때문에 주위에서 장례식을 주도
해 달라고 부탁했다. 동경대 학장의 장례식인지라 수많은 유
명 인사들이 참석하여 분위기는 더욱 근엄했다. 고인을 위한
설법을 하기 위해 단산 스님은 영단에 올라섰다. 그가 불구佛具

를 척척 흔들더니 외친 외마디가 사람들을 놀라게 했다.

"그대들도 죽는다!"

"군자는 담을 수 없다[君子不器]"고 공자는 말했다. 어떤 틀
에 가둘 수 없다는 뜻이다. 활달하고 넉넉한 대 자유인의 마음
이 이와 같다. 그 초인이 하필 '인간들의 티끌 같은 근심다툼
[塵勞]'에 발을 담그겠는가? 쾌할하고 쾌활하다!

최근에 젊은 영가의 사십구재가 하나 있었다. 지장전에서의
시식에 이어 뒤뜰의 소대로 나갔을 때도 간밤부터 내리던 봄
비는 그치지 않고 있었다. 영가의 위패와 옷가지를 태운 연기
가 봄비에 막혀서인지 높이 올라가지 못하고 나와 유족들이
서 있는 자리로 내려앉아 주변을 잠시 뿌연 안개 밭으로 만들
기도 했다.
바람이 없어서 연기가 좀더 오래 머물렀다. 이것이 어쩌면
코 흘리게 어린 형제를 두고 떠난 영가의 무너진 삶의 편린인
지도 모르겠다는 생각이 들었다.

공양이 끝나고 차 한 잔 대접하는 자리.

"산 사람은 살아야 하지 않겠느냐"는 말 외에 더 위로할 무슨 말이 떠오르지 않았다. 그 동안은 49재를 지내면서 일주일에 한 번 절에 오는 위안이라도 있었는데 이젠 정말 허무할 것 같다는 젊은 미망인의 말. 그리고 재를 지내면서 불교를 일찍 알았으면 좋았겠다며 사후 세계를 물어오기에 『티벳 사자의 서』와 『까르마빠 나를 기억하세요』 두 권을 책장에서 뽑아 선물하고 한 권에는 도쿠가와 이에야스의 한 마디를 써 넣었다.

"인생은 무거운 짐을 지고 먼 길을 가는 나그네와 같다."

힘들겠지만, 어린 꼬마들과 함께 꿋꿋이
잘 살아가기를 불전에 향축 올렸다.

위험한 초대

옛날에 치타와 영양은 아주 친했다.

그때만 해도 치타는 힘이 엇비슷한 영양을 매우 무서워했다. 어느 날 치타는 영양을 저녁 식사에 초대했고 영양은 기쁘게 초대를 받아들였다. 저녁이 되어 출발한 영양은 가는 길에 몽구스를 만났다. 급히 뛰어가는 영양이 궁금하여 어디를 가느냐고 물었더니 저녁 초대를 받아 치타에게 가는 길이라 했다. 몽구스가 말했다.

"영양아, 너는 정말 순진하구나. 치타는 믿을 만한 놈이 아니지. 너를 친구로 대하는 것은 네가 무섭기 때문이야. 네가 강하다는 것을 보여 주지 못하면 치타가 널 가만히 두지 않고 잡아먹을 거야!"

영양은 몽구스를 나무랐다.

"넌 왜 부정적으로만 말하니? 믿을 수가 없어."

하지만 몽구스는 물러서지 않고 말했다.

"다 너를 생각해서지. 어제 아침에 치타 부인을 만났는데 너에 대해 말하더라고. 그래서 알려주는 거야. 함정이 있을 테니까."

그러나 영양은 오히려 몽구스를 이상한 눈으로 쳐다보고는 치타 집을 향해 신나게 뛰어갔다. 뜨거운 환대를 받으며 식탁에 앉은 치타 부부와 영양은 우선 술부터 한 잔 하며 분위기를 돋우었다.

그런데 먹을 것으로는 단단한 옥수수 알갱이였다. 영양의 이빨이 얼마나 튼튼한지 알아보려는 속셈이었다. 치타는 열심히 먹었지만 영양은 먹기가 쉽지 않았다. 순간 몽구스의 얘기가 떠올라서 약한 모습을 보이지 않기 위해 옥수수를 씹기 시작했다.

그러나 옥수수를 억지로 먹다 보니 영양의 약한 이빨로는 무리였던지 이빨 두 개가 빠지면서 입가에 피가 흐르기 시작했다. 치타는 속으로는 쾌재를 부르면서도 겉으로는 눈물을 흘리며 미안하다고 사과를 늘어놓았다.

드디어 집에 돌아갈 때가 되어 영양은 치타에게 집까지 데려달라고 부탁했다. 그러나 치타는 피곤해서 멀리 못가니까 혼자 가라고 너스레를 떨었다. 할 수 없이 홀로 집을 향해 길을 나섰는데, 치타가 몰래 앞질러 가서 숲 속에 숨었다가 영양을 단숨에 덮쳐 버렸다.

불쌍한 영양은 울어댔지만 소용없는 일이었다. 운다고 뜯겨나간 살점이 돌아오는 건 아니었다.

이 이야기는 아프리카의 우화집에 나오는 것이다. 자연 속에서 살아가는 원주민들일수록 자연의 모든 것에서 이야기가 만들어지고 교훈을 삼는 전통이 있다.

'위험한 초대'는 힘의 간극이 어떤 결과를 가져오는지 잘 보여 주는 이야기이다. 주역에서는 "만물은 낳고 또 낳는다"고 하였다. 생명체는 오류를 수정해가는 과정 속에서 생존을

도모하는 법칙이 있다. 이 먹고 살기 위함이 삶을 뜨겁게 달구
는 힘이기도 하다.

우린 순간순간 영양과 치타의 역할을
너무 잘 해 내서 탈일지도 모른다.

이야기의 아름다움

일본에는 '아카마타 구로마타' 라는 가면 의례가 있다. 야에 산에서 풍작을 기원하며 올리는 제의로서 이 신은 어린아이 이다.

어느 날 어린아이가 산으로 들어갔는데, 그 후로 행방을 알 수 없었다. 며칠이 지나도 찾을 수가 없어 마을 사람들은 시체 도 없이 장례를 치렀다. 그러나 아이의 엄마는 죽음을 인정할 수 없었다. 내 자식이 그렇게 허망하게 죽을 수 없다는 것이었다. 아이의 엄마는 이날 이후로 아이를 기다리기 시작했다.

그렇게 세월이 흘렀다. 그러던 어느 날 밤에 놀랍게도 아들이 돌아왔다. 집과 산 중간의 언덕에서 마주친 엄마는 잠시 넋을 잃었다가 정신을 차리고는, 아이에게 집으로 가자고 했다. 그런데 돌아오는 아이의 말에 엄마는 다시 혼절하고 말았다.

"어머니, 저는 이미 인간의 몸이 아닙니다. 어머니가 보고 싶어 이렇게 왔습니다."

그리고는 홀연히 사라지고 마는 것이었다. 그 이후로 아이의 얼굴을 보고 싶어하는 엄마의 마음을 아는지 모르는지 어느 해는 보이고 어느 해는 보이지 않는 것이었다. 어머니는 이 말을 동네 사람들에게 하고 말았는데, 따져 보니 마을의 풍년이 들 때 아이가 나타난다는 사실을 알 수 있었다.

마을 사람들은 당연히 해마다 풍년을 기약하고 싶은 마음이 생겼다. 그래서 그들은 아이의 얼굴을 닮은 가면을 만들어 의식을 치르기 시작했다. 그러나 이 후로 아이는 다시 나타나지 않았다.

꿈과 현실은 친구가 되기 어려운가 보다. 내가 자라던 시골에는 초등학교도 마치기 전에 가출하여 마을을 떠난 아이들이 두어 명 있었다. 그런 애들이 몇 달이 지나 집으로 돌아와 도시 이야기를 할 때면 꼭 등장하는 이야기가 '자장면'이었다. 그때 도시는 낯선 음식 같은 느낌이었는데, 이야기하고 싶은 것은 그 애의 엄마가 우리를 볼 때마다 가출한 아이를 생각하지 싶었던 슬픈 눈이다.

또 한참 위 또래의 일찍 죽은 동네 형의 어머니가 또래의 형들을 바라보던 얼어붙은 얼굴도 잊혀지지 않는다. 그런 저런 유년의 기억들이 있어 이 이야기가 새겨지나 보다. 하긴 내가 출가한 후 노모께서도 나를 많이 그리워하셨다 하니까 할 말이 없다.

인간은 '이야기하는 동물'이다. 그보다는 '이야기하려는 욕망'에 사로잡혀 있다고 해야 더 정확할지 모르겠다. 자신의 체험뿐만이 아니라 이야기가 자신의 삶에 어떤 자극을 남길 때 더욱 그렇다.

옛날에는 동서양을 막론하고 인쇄된 활자매체가 없었기 때문에 모든 이야기는 전부 암송되어 전해졌다. 역사가 오래될

수록 산문보다는 시적인 구성의 형태를 보인다. 외우기 쉬워야 하기 때문이다. 그래서 시는 소리를 내어 운율을 느끼면서 읽어야 더 감흥이 있다. 암송은 자꾸 반복해야 하기 때문에 이런 학습은 자연스레 심신의 정화를 가져온다.

이야기 되는 narrate 것에 의해 비로소 단편적인 추억이 '구조화' 되고, 개인적인 추억이 '공동의 것'이 된다. 이것은 객관적인 역사적 사실 history과는 좀 성격이 다르다. 왜냐하면 이야기라는 도구는 무한한 상상력 속에 자기를 돌아보게 하는 일련의 되새김이 있기 때문이다.

자신을 아프게 돌아보는 사람은 반드시 변화가 생긴다. 귀에 못이 박히도록 들어도 그대로인 사람은 귀를 열어놓지 않고, 숫제 자기가 듣고 싶은 말만 듣는 옹고집쟁이다.

어렸을 때 잠자리에서 나는 노모님의 이야기가 듣고 싶어서 밤마다 졸랐다. 집 뒤로 둘러서 있는 대숲을 훑고 지나는 바람이 어지러운 밤에는 더욱 그랬다. 그때 노모께서는 꼭 "이야기 좋아하면 가난하게 산다"라는 말씀을 서두에 얹으시고는 이야기보따리를 풀어놓으셨다. 그래서 잠재의식 속에 '이야기'는 '가난'과 같은 무게를 지녔는데, 가난에 대한 내 나름의 해석은 장자를 알면서이다.

장자의 개념어 중에 '심재心齋'가 있다. '재齋'는 재나 의식을 하기 전에 자신을 엄숙하게 하는 중요한 행위이다. 이 심재는 한편으로 '마음을 가난하게' 하는 행위이기도 하다. 마음이 가난하지 않으면 내면의 소리를 듣지 못한다.

예수께서 "기도는 골방에서 하라"하셨다. 마음의 가난이다. 부처님 당시부터 불교 교단의 식사 전통은 절에서 음식을 하지 않고 마을에 들어가 음식을 얻어서 해결하였다. 처음 시작한 곳에서 일곱 집까지만 탁발할 수 있다. 이 '발우 하나 가사 한 벌'이 수행의 상징이다. 이것도 가난으로서 우주적인 큰마음을 일깨우는 것이다. 그래도 하나같이 환하고 행복한 얼굴이었다.

부와 자유의 상징처럼 군림하는 미국에서 약 5천만 명이 굶주림에 직면해 있다는 기사를 봤다. 우리나라는 2007년 여름 방학 때 무료급식을 받는 학생이 27만 명이었는데, 올해는 두 배라 한다. 학교를 공부하러 가는 게 아니라 점심 급식을 먹기 위해 간다는 사실을 알고 정말 놀랐다.

이 가면의 교훈을 정리하자면 인간사 사시사철 항상 좋을 수 없다는 것이다. 그런데 인간은 풍년을 암시하던 아이의 가면을 만들어 행복을 붙들어 매려 했다. 풍년이 오니까 아이도 오는 거지 아이의 얼굴이 풍년의 근원은 아닌데도 말이다. 삶이 여의치 않을 때가 자신을 가난하게 하고 돌아보기에 더없이 좋은 기회이다.

이야기는 '반복'에 묘미가 있다. 기도의 반복과 같은 이치이다. 일러줘도 알아듣지 못하니까 깨우칠 때까지 잔소리를 들어야 한다. 이야기는 아이들에게 행복한 영혼을 꿈꾸게 하는 마법과 같다. 상상의 안개가 가득 가득 피어야 정신이 건강해진다.

난 이야기가 좋다!

어떤 것이 진짜 청靑이인가?

중국 오대산에 법연法演 선사가 있었는데 그에게서 나온 화
두이다.

청하 땅에 장감이라는 거사가 살았는데 그에게는 청이라는
딸이 하나 있었다.
당시 중국은 내·외종 간에 혼인을 하던 시기였다. 청이가 커
서 고종사촌과 결혼시키려던 장감은 보다 더 좋은 사윗감을 발

견하고는 먼저의 선약을 어기고 딴 사람에게 시집을 보내려고 하였다. 청이는 물론 고종사촌도 고민에 휩싸였다.

그 고종사촌은 실망한 나머지 고향을 떠나 정처 없이 헤매다가 하루는 환한 달밤에 성벽에 기대 앉아 하염없이 세상을 한탄하고 있는데, 갑자기 "오빠!" 하고 부르는 소리가 들렸다. 뒤를 돌아보니 청이가 서 있는 것이 아닌가. 청이도 또한 오빠 생각이 나서 다른 이와의 결혼을 상상할 수도 없어 집을 나왔던 것이다.

그리하여 둘은 객지에서 살림을 차렸다. 수년을 죽도록 고생을 하다가 이제 집으로 돌아간들 별 꾸지람이야 듣겠는가 싶어 혼인 승낙도 얻을 겸 고향으로 돌아갔다. 배에서 내렸으나 청이를 앞세워 들어가기가 계면쩍어 청이에게 기다리라고 하고는 외삼촌을 찾아갔다. 외삼촌에게 절을 하니, 외삼촌은 도리어 혼인을 못 시켜 준 자신의 처지를 사과했다.

그래서 그간의 자초지종을 외삼촌에게 설명하며 객지에서 청이를 만나 5년가량 많은 고생을 했다며 고백을 하자 외삼촌은 깜짝 놀라며 그럴 리가 없다고 했다. 이유인즉, 오빠가 떠난 이후로 청이는 골방에서 식음을 전폐한 채 이제껏 누워 있다

며, 네가 함께 살았다는 청이를 데려와 보라는 것이었다. 이에
문 밖에서 기다리던 청이가 들어오고 골방에 누워 있던 청이가
일어나 나왔다. 그런데 둘이 마주친 순간 그 둘은 놀랍게도 하
나가 되는 것이었다.

법연선사가 대중에게 물었다.
"청녀가 혼魂을 떠나 둘이 하나가 되었는데 어떤 것이 진짜
청이인가?"

말해 보라.
어떤 것이 진짜 청이인가.

나리야마 부시코

옛날 일본의 어느 눈이 많이 내리는 깊은 산골의 이야기다.

늙은 어머니를 모시고 사는 가난한 집이 있었다. 먹을 것이라고는 보리와 감자, 나물뿐이어서 겨울을 나기가 여간 힘든 게 아니었다. 큰아들이 장가를 들어 아이들을 낳게 되자 살림이 더 어려워져도 달리 뾰쪽한 방법도 없고 지능이 약간 부족한 둘째 아들은 도움이 되지 않았다. 그런데 이 마을에는 노인들이 어려운 살림을 덜기 위해 깊은 산 속에 며칠간의 식량만을 가진 채 들어가 자연스레 죽음을 맞는 풍습이 있었다.

어느 겨울, 손자들이 자라고 더 이상 어려운 살림에 부담을 주지 않기 위해 그 어머니는 산으로 들어가기로 마음먹었다. 며느리에게 자신만의 물고기를 잡는 법도 가르쳐 주고 여타 다른 삶의 지혜들도 전수하였다.

드디어 새벽에 큰아들의 지게에 업혀 떠나게 되지만 돌아보면 안 되는 불문율 때문에 평생을 살아온 정든 마을을 다시 보지도 못한다. 얼마를 깊이 들어갔을까? 죽은 사람들의 뼈가 수없이 뒹구는 정해진 곳에 어머니를 내려놓고는 며칠 분량의 음식을 건네 드렸다. 그러자 어머니는 가져가서 손자들 주라며 억지로 쥐어주고는 자신은 괜찮다고, 어둡기 전에 빨리 내려가라고 아들을 쫓아 보냈다.

아들이 눈물을 흘리며 내려오는데 갑자기 눈발이 날리기 시작했다. 그러자 아들은 갑자기 뒤돌아서 어머니께 뛰어 올라갔다.

“어머니! 눈이 와요. 눈이 온다구요!”

“……”

“어머니! 이제 어머니는 분명히 극락에 갈거예요!”

아들이 다시 뛰어올라가 어머니께 반갑게 소리 지른 것은 노

인이 산에 든 날 눈이 오면 좋은 곳으로 간다는 내려오는 말이
있었기 때문이다. 어머니는 더 이상 대꾸를 하지 않고 희미한
미소마저 감춘 채 더욱 몸을 움츠리며 눈을 감아 버렸다.

아들은 날이 어두워서야 집에 도착했다. 어머니가 드셨으면
없었을 식은 밥을 내놓자 자식들이 정신없이 먹기 시작하고,
아내는 어느새 어머니가 입었던 옷을 껴입고 행복해하는 모습
을 보면서 마음이 몹시 괴로웠다. 어머니의 옷을 물려받듯 언
젠가는 자신도 산에 들어야 하는 것을 아는지 모르는지 태평한
아내의 얼굴이 밉기도 하고 사랑스럽기도 했다.

소설로도 보았고 영화로도 보았던 '나라야마 부시코' 대강
의 기억이다.

난 사십구재나 재를 지낼 때 눈이 오기라도 하면 이 이야기
가 생각이 나서 이렇게 덕담을 하곤 한다.

"영가의 사십구재에 흰 눈이 오는 걸 보니
좋은 곳으로 가시나 봅니다."

眼更靑!

眼更靑! 이것은 가끔 전시회에 가게 되어 방명록에 뭔가를 기록해야 할 때, 내가 가장 즐겨 쓰는 말 중에 하나이다.

옛날에 완적이라는 사람이 살았는데, 그는 사람을 대할 때 '백안시白眼視' 하지 않고 항상 긍정적이고 자애로운 눈빛으로 대했다고 한다.

백안시 한다는 것은 부정적으로 힐끗 보는 눈이고, 그 반대가 푸른 눈이다.

좋으면 자꾸 보고 오래 보게 되지 않던가? 사랑하는 사람을 보는 눈, 사물을 긍정적으로 보는 눈이다.

"눈이 더욱 푸르러진다."
외워두면 값나가는 말이다.

열반기 涅槃記

　해묵은 노트를 펼치는데, 한 노스님의 열반에 즈음한다며 밑도 끝도 없이 이 게송 아래에 나의 넋두리가 멋쩍게 적혀 있었다.

　누구의 게송이었을까.

　그런데 참 좋다.

　난 그 스님을 모시고 살아본 적도 없는데, 사람들은 이 글을 보면 굉장한 사연이 있는 양 할 것이다.

만수 천산의 길에   萬水天山路

쓸쓸히 홀로 가는 몸이여   悽然獨去身

가고 오는 것을 논할 것이 없어라   無論去與住

우리 모두 꿈속의 사람이라네   俱是夢中人

이길 저길, 산 넘고 물 건너, 홀로 가는 길이다.

상여 메고 천만인이 따른다 해도 나의 벗이 아니라네.

아득하고 아득하여라!

그렇게 자주 오고 가는 길이건만

아는 사람 하나 없네.

어차피 도움 받을 이 없으니.

그래서 황천인가!

소원을 말해봐

인간의 소원은 이뤄질 수 있는 것인가. 그리고 그 소원의 끝은 어디까지인가. 서양 속담에 "우주 안에 공짜 점심은 없다"고 한다. 그런데 인간은 그 소원이 어떤 결과를 가져올지 모르면서도 우선 덤벼들다가 후회막급한 경우가 또 얼마나 많은가.

아무리 돌고 돌아도 그 자리를 한 번도 떠난 적이 없는 게 우리의 삶이다. 그 자리는 '무'요 '공'의 세계이다. 우리의 삶

은 텅 빈 공 위에 세워진 집임을 알라. 그리고 그 '공'은 가능
성만 얘기할 뿐이지 결정적으로 우리에게 말하지 않는다.

이 이야기는 「원숭이의 손」이라는 제목의 일본 소설이라 하
는데 난 이의 대강만을 기억하고 있다.

세상의 어느 곳엔가 소원을 들어주는 원숭이 손이 있었다.
노부부가 어떤 기회에 이 원숭이 손을 입수하게 되었다. 노부
부는 정말로 이것이 소원 세 가지를 들어주는 마법이 있는지
믿지 않으면서도 시간이 흐를수록 궁금한 생각이 들었다. 노부
부는 고민 끝에 한번 시험해 보기로 했다.
"오천만 엔만 주십시오."
이렇게 서원을 말하고 난 잠시 후에 누군가 현관문을 두드리
는 것이었다. 노파가 나가 보니 보험회사 직원이었다. 그는 뜻
밖의 말을 했다.
"댁의 아드님께서 교통사고로 사망하였습니다. 보상금은 여
기 오천만 엔입니다."
수중에 들어온 돈을 어떻게 생각해야 할지 난감했다. 우연의

일치인지, 아니면 원숭이 팔의 마법인지 알 수 없었다. 노부부
는 몹시 후회스러웠다.

그때 문득 원숭이 손은 세 가지 소원을 들어주는 것이란 말
이 떠올랐다. 어찌 되었건 이 소원을 빌어볼 수밖에 없는 상황
이었으니 다시 빌어보기로 했다.

"원숭이 손, 우리 아들을 살려주세요."

그날 밤은 폭풍우가 몰아치는 아주 험한 날씨였다. 그런데
거친 비바람 사이로 누군가 현관 앞에 걸어와서 멈추더니 문을
두드리기 시작했다. 노부부는 겁에 질려 문을 열어볼 엄두를
내지 못했다. 결국 마지막 소원을 말하지 않을 수가 없었다.

"원숭이 손, 원숭이 손! 제발 아들을 무덤에서 편히 쉬게 해
주세요."

원숭이란 동물은 난폭하다. 일본의 한 산중의 사찰 참배를
갔을 때 안내원이 주의를 시켰다. 원숭이를 정면으로 보면 덤
벼드니까 절대 눈을 마주치지 말라는 것이었다. 손의 마디를
짚어가며 운세를 보는 법에서는 원숭이 자리를 '고독'으로 친
다. 이 동물은 자유분방해서 얽매이는 걸 싫어하기 때문에 항

상 고독하다는 것이다.

미얀마의 한 스님에게 들었던 원숭이 이야기가 생각난다. 그곳의 절에 내려오는 이야기라 했다.

원숭이 한 마리가 절 숲에 살고 있었다. 그 절의 스님들은 음식이 남으면 가져와서 원숭이에게 나누어 주었다. 철이 바뀌어 한 스님이 새로 와서 지내게 되었다. 스님은 무슨 버릇인지 먹이를 줄 때마다 원숭이 머리를 꼭 한 대씩 치는 것이었다. 참다 못한 원숭이는 부처님 앞에 가서 소원을 말했다.

"부처님, 저 스님을 다른 곳으로 보내 주세요."

이 소원이 먹혔던 것일까, 그 스님이 어디론가 가고 다른 스님이 왔다. 그런데 이 스님은 먹이를 주면서 머리를 두 대씩 쳤다. 원숭이가 또 부처님을 찾아갔다.

"부처님, 이번 스님은 저를 두 대씩 때립니다. 스님을 바꿔 주세요."

신기하게도 얼마 지나지 않아서 이 스님이 가고 다시 한 스님이 왔다. 원숭이는 기대를 하고 있었는데, 이번에는 세 대씩 때리는 것이었다.

법당의 부처님이 하루는 원숭이 꿈에 나타났다.

"애야, 왜 소원을 말하지 않는 것이냐. 또 바꿔 줄까?"

그런데 원숭이는 무슨 생각에서인지 소원을 말하지 않았다. 대신 크게 깨달은 것이 있다면서 이렇게 소원을 대신해서 말했다.

"맘에 안 들어도 맞춰 살아야 한다는 것을 깨달았습니다. 네 번째 오는 스님은 저를 죽일지도 모르잖아요!"

불교에서는 문제의 본질을 밖에서 찾지 말고 내 안에서 찾으라고 한다. 삶이 문제가 아니라 삶을 보는 나의 생각이 문제이기 때문이다. 세상의 불합리함을 어떻게 일일이 대적할 것인가. 마음을 바꾸면 세상이 변하기 시작한다. 나도 변하고 남도 변한다.

선가의 보배로운 책이기도 한 『벽암록』에는 "백마가 갈대꽃밭에 들어간다[白馬入蘆花]"는 말이 나온다. 흰 말이 하얀 갈대밭에 들어가면 전부 하얗기 때문에 구분되지 않는다는 뜻이다. 세상과 내 마음이 하나가 되면 시비를 잊는다.

자기주장이 강한 사람이 꼭 남에 대해 이야기한다. 분리되기 때문이다. 거친 마음, 덜 떨어진 마음은 항상 이렇다. 하나가 되면 소원조차도 잊는다. 그렇지 않으면 실컷 돌고 돌아도 소원은 처음의 그 자리에 버티고 있을 것이다.

가난한 부자

최근에 『도마복음』을 읽었다.

1945년 12월 어느 날, 무함마드 알리라는 이집트 농부가 카이로에서 남쪽으로 약 500km 떨어진 나일강 상류 나그함마디라는 곳 부근 산기슭에서 밭에다 뿌릴 퇴비를 거두다가 땅속의 토기 항아리를 발견하였다. 그 안에는 파피루스 종이 문서들이 있었는데 그는 시장에 들고나가 생필품과 맞바꿨다.

이 문서가 4세기 초 로마제국을 통일한 콘스탄티누스 황제가 제국을 통일할 하나의 종교적 이데올로기로서 기독교를 공인하고, 그리스도교 지도자들에게 그리스도교를 '하나의 하나님, 하나의 종교, 하나의 신조, 하나의 성서'로 통일할 것을 요청하였다.

그에 따라 325년 니케아 공의회가 열리면서 알렉산드리아의 젊은 추기경 아타나시우스가 당시에 떠돌던 문헌들을 판단하여 '이단적'이라고 여겨지는 책들을 모두 파기 처분하라는 명령을 내렸다. 이 나그함마디 문서는 이때 이집트에 있던 그리스도교 최초의 수도원 파코미우스의 수도승들이 수도원의 도서관에서 빼내어 항아리에 밀봉해 놓은 것이 아닐까 추측한다고 한다.

이 복음서를 필사한 콥트어의 필체로는 350년경으로 짐작하지만, 이 복음서 자체는 기원후 100년경 『요한복음』이 쓰여진 것과 비슷한 연대에 형태가 갖춰졌을 것으로 본다고 한다. 이 복음서의 특징은 '구원'이라는 말보다 '영적인 깨달음'을 주로 이야기하고 있다는 사실이다. 다음의 내용을 보라.

예수께서 말씀하셨다.

"만일 육체가 영혼을 위해 존재한다면 그것은 하나의 경이
로움이다. 그러나 만일 영혼이 육체를 위해 존재한다면 그것
은 경이로움 중의 경이로움이다. 진실로 나는 이 크나큰 부가
어떻게 이 가난 속에 거주하게 되었는지 놀라지 않을 수 없
다."

마음이 가난해지지 않으면 영혼의 문이 열리지 않는다. 아
무리 큰 부일지라도 가난이라는 영혼의 고결함 위에 서지 않
으면 독이 된다.

이슬람의 신비주의자 파리드가 델리 근처 작은 마을에서 살
고 있을 때였다. 당시 황제는 아크바르 무굴왕조의 창시자 바브르의 손자
이며 14세에 왕위에 오른 가장 위대한 무굴제국의 왕로 그는 파리드의 추종자
였다. 파리드는 가난한 탁발승들을 즐겨 찾곤 했는데, 이 왕과
친하다는 것을 알게 된 마을 사람들이 마을에 학교와 병원이
필요하다는 청원을 넣었다.
다음 날 파리드가 황제를 찾아갔다. 그때 황제는 자신이 만
든 작은 사원 안에서 기도를 올리고 있었다. 밖에서 파리드가

기다리는 것을 알지 못하는 황제는 이렇게 기도를 끝맺었다.

"전능하신 신이시여! 저의 제국이 더 커지게 해 주소서. 더 많은 부가 저에게로 내려오게 해 주소서."

밖에서 황제를 기다리다 안에서 새어나오는 이 말을 들은 파리드는 황제를 만나지 않고 그냥 밖으로 걸어 나왔다. 황제가 그를 불러 세우며 왜 그냥 가느냐고 하자 파리드가 말했다.

"나는 황제를 만나러 왔소. 그러나 내가 이곳에서 발견한 사람은 또 한 사람의 걸인일 뿐이오. 걸인에게 무엇을 부탁한단 말이오. 나는 당신을 황제로 여기는데 잘못 생각했음을 이제 깨달았소."

훗날 아크바르는 이 이야기를 그의 자서전에 이렇게 썼다.

"그 순간 나는 깨달았다. 무엇을 손에 넣든 별 차이가 없다. 인간의 마음이란 계속해서 더 많은 것을 요구하기 때문이다."

솔로몬 왕은 성전에서 몸을 씻는 의식을 행하는 사제들을 위해 만개한 백합 모양의 큰 물통을 마련해 주었다고 한다. 외면의 순결함은 내면의 순결함을 자극하며, 이는 또한 진리를 향해 마음을 활짝 열었다는 의미이다.

헝가리 속담에 "흰 백합에도 검은 그림자가 있다"고 했다.
순결한 영혼은 마음을 비우고 가난하게 하는, 부와 명예에 대
한 자기 초극의 노력 위에서만 피어나는 꽃이다.

우린 아직 가난을 모른다.
가난을 모르고서 무슨 부가 가능하겠는가.

 즐거움

삶의 즐거움을 기쁨에서 찾지 말라.
기쁨은 즐거움이 아니다.
기쁨은 아주 작은 열매에 불과하다.
열매가 대지에 떨어져 썩지 않으면 싹을 틔우지 못한다.
만물은 다음 단계로 승화될 기약이 있을 때 비로소 즐거움이 있다.
희망은 하나의 즐거움이 될 수 있다.
그러나 이 희망은 삶의 고뇌 속에서도 싹트기 때문에 인간의 감정을 초월해야 한다.
즐거움은 마음의 고요함이 원천이다.
마음을 고요히 하라.
삶을 응시하고 자기 초극의 가난을 밀어내지 말라.
가난 속에 들어가고 고요 속에 몸을 던지라.
연꽃이 진흙 속에서 피고 살아가지만
진흙을 미워하지 않는다.
연꽃은 진흙이 보여 주는 자기 초월의 연금술이다.
물은 영혼을 정화하고 불은 그것을 단련시킨다.
삶을 떠나지 말라.
뿌리를 거두고서 살아남는 식물은 없다.
인간의 몸은 세속에 머물러야 하는 숙명이 있다.
그러나 영혼이라는 꽃은 연꽃 스스로의 힘이다.
여기에 즐거움이 있다.

마지막 여행이다.

가네샤, 우린 이미 행복하다는 믿음

힌두의 신화에는 가네샤Gaṇeśa에 대한 이야기가 나온다. 몸은 사람인데 머리는 코끼리의 형상을 하고 있다. 그의 불뚝 나온 배는 만족을 뜻한다. 포대화상의 배도 마찬가지다.

코끼리의 거대한 머리는 영적인 지혜, 길고 굵은 코는 진리와 거짓을 식별하는 능력이자 유연한 지성이다. 세 개의 손에는 각각 삶의 즐거움에 대한 우리의 집착이 스스로를 속박한다는 의미로 밧줄을 쥐고 있고, 그 속박을 끊는 것을 의미하는 도끼도 있다. 삶의 장애와 갈등은 분명히 해결의 실마리가 있다는 뜻이다.

가네샤는 힌두 신들 가운데 가장 무게가 많이 나가는 신이면서도 움직이는 수단은 작은 쥐 한 마리다. 어떤 그림에서는 강아지처럼 줄에 매어 끄는 모습으로 나타나기도 하고, 쥐 위에 올라탄 모습도 없지 않다. 표정도 유쾌할 따름이다. 큰 것과 작은 것에 비유되는 두 동물은 인간 심리의 양 측면이기도 하다.

가네샤는 인간의 고통을 해결하며 풍족하고 성공적인 삶을 약속한다. 현세의 이익과 안락이 그의 약속이다. 그래서 서민들의 사랑을 받아왔다. 반대로 쥐는 영혼의 안락과 삶의 행복을 허물고 흔들리게 하는 변덕스러운 인간의 일면이자 끊임없는 유혹이다. 코끼리 같은 덩치를 가지고도 조그마한 쥐 한 마리에게 일생을 끌려다닐 수도 있다.

그의 탄생을 보라.

시바신의 아내인 파르바티는 많은 시종을 거느린 시바신과 달리 혼자 몸인 처지가 불만스러웠다. 어느 날, 그녀는 자신의 몸을 문질러 나온 때에 향유를 섞어 사람 형상을 만들어냈다. 그녀는 만족스러워하며 자신에 대한 충성을 가르치고는 자신이 목욕을 하면 문을 지키라는 명을 내렸다.

마침 밖에서 돌아온 시바신이 집에 들어서려는데 아버지임을 알 길 없는 아이가 막아섰다. 시바는 단칼에 아이 목을 베어버렸다. 목욕을 마친 파르바티, 사방에 흥건한 피, 절망하는 아내에게 시바는 아이의 목숨을 살려내리라는 약속을 했다.

그런데 마침 문 밖에 코끼리 한 마리가 어슬렁거리며 지나가는 것이었다. 시바가 얼른 코끼리의 목을 잘라 몸통 위에 얹었더니 아이가 살아났다.

신화의 중요한 기능은 각자가 살아가는 장소를 신성화하는 것이다. 시인 릴케가 "이 세계는 거대하지만, 우리 안에서는 바다처럼 깊다"라고 한 이유를 알 것 같다.

신을 만날 수 있는 사람은 그가 이미 신이다. 부처님처럼 살 수 있는 사람은 그가 이미 부처다. 내 안의 신비에 눈을 뜬 그가 신비로운 존재이다. 내 안에 희열이 있으니, 이 궁극의 깨달음과 완성을 이루기 위해서는 세상의 존재법칙을 이해해야 한다.

두 개의 삼각형이 겹쳐진 도형(✡)은 향상과 장애, 위와 아래인 두 문의 상징이다.

중요한 것은 삶의 장애와 불만족을 어떻게 상승의 에너지로 변화시키느냐의 문제이다. 자기 우선의 욕구가 삶의 제2법칙이라면, 제1법칙은 온 우주가 촘촘히 연결되어 서로 영향을 미친다는 데 있다.

코끼리 목을 얹어서라도 삶을 도모하는 게 생명 본연의 욕구이다. 이런 생명의 경이로움에 눈을 뜬다면 우린 이미 행복하고, 우린 충분히 경이로울 수 있다.

올 여름의 첫 더위가 시작되던 날이었을 것이다.

새끼 참새 한 마리가 화단에서 흘러든 바닥의 물에 가슴털을 연신 적셔댔다.

그 날 밤 나는 맑은 강가를 거니는 꿈을 꾸었는데, 잠에서 깨어나고도 기분이 상쾌했다.

천지에 귀한 한 사람

| 나를 아는 사람이 드무니 | 知我者希 |
| 나는 귀한 것이다 | 則我貴矣 |

이것은 『노자』에 나오는 말이다.

누가 가장 귀한 사람인가. 아무도 알지 못하는 절대의 잊음이 귀함이다. 값이 나가는 그림이나 보물을 모르는 사람이 없다. 이것은 진정 귀함이 아니다. 희귀성과는 다른 차원이다.

반대로 생각해 보면 된다. 우리는 매일 육신을 가지고 살아 가지만 육신을 모른다. 눈도 코도 입도 귀도 한 순간도 벗어나지 못하면서 정작 그 존재를 모른다. 세상에 가장 흔한 것을 보라. 공기가 흔하고 땅이 흔하고 나무가 흔하고 물이 흔하다. 우리는 흔하면 잘 알아차리지 못한다.

그래서 절집에서는 "진정으로 숨는 것은 세상 속에 숨는 것이다"라고 말한다. 첩첩산중에 숨는 것은 숨는 것이 아니다. 인간들이 그냥 놔둘 리가 없다. 그러나 농사짓는 촌로村老나 시장 바닥을 쓸며 생계를 유지하는 사람은 찾지 않는다. 이것이 숨는 것이다. 보면서도 보지 못하고 들으면서도 듣지 못한다. 이런 사람이야 말로 오고 가는 데에 걸림이 없는 대 자유인이다. 명성과 권력 뒤에는 숨을 수 없다.

『장자』를 보자.

성왕이라고 칭송받던 요임금이 허유에게 나라를 물려주고 싶다며 말했다.

"해와 달이 떴는데도 관솔불을 켜 놓는 것은 헛된 것 아닙니까? 때가 되어 비가 오는데 밭에 물을 대고 있으면 맞지 않습니다. 선생께서 나라를 다스려야 세상이 바르게 됩니다. 임금 자리를 내어 놓을 테니 제발 받아 주십시오.”

허유가 대답했다.

“호의는 감사하지만 저는 지금에 만족하고 있기에 별로 바라는 바가 없습니다. 천하를 제게 물려 주셔도 별로 쓸 데가 없습니다. 뱁새가 숲 속에 둥지를 짓지만 가지 하나에 지나지 않고, 두더지가 강에서 물을 마신다 해도 배를 채우는 데 지나지 않습니다. 돌아가 쉬십시오. 부엌의 요리사가 부엌일을 못한다 해서 제사의 시동이나 신주가 술 단지와 도마를 들고 와서 그 노릇을 대신할 수 없습니다.”

이것은 단순한 말장난이 아니라 세상을 살면서 스스로 마음을 비우고 세속적 욕망을 가급적 통제하려고 노력하는 정신이다. 정신을 비어 있음에 두지 않으면 마음은 잠시도 만족을 모른다. 『장자』에는 비유가 더 이어진다.

위나라 임금이 큰 박씨를 심었더니 거기서 다섯 섬들이 박이 열렸다. 박은 물을 담는 데 쓰이니까 물을 담았더니 무거워서

들 수 없었다. 바가지를 쪼개 보았더니 납작하기만 하고 크기만 할 뿐 쓸모가 없어서 깨트려 버렸다는 것을 들은 장자가 말했다.

"송나라 때 손이 트지 않는 약을 만들 줄 아는 사람이 빨래하는 일을 하면서 그 약을 사용하고 있었습니다. 지나가던 길손이 그것을 보고 금 백 냥을 주겠다하여 약 비방을 샀습니다. 그 길손은 오 왕에게 가서 그 약의 효험을 설명하였더니 월 왕과의 싸움에 나서는 수군대장이 되어 군사들에게 약을 바르게 하고는 용감하게 한겨울의 수전을 벌여 월을 대패시켰습니다. 왕은 그 사람에게 땅을 떼어 주면서 한 지방의 영주로 삼았습니다. 똑 같은 약인데도 한 사람은 손빨래하는 데 사용하지만, 누구는 전쟁에 사용하여 영주가 되었습니다. 당신은 큰 박을 오히려 강에 띄워 놓고 즐길 생각은 하지 못하고 쓸모없다고만 합니까? 당신은 아직도 작은 일만 생각하는 '쑥부쟁이 같은 마음'을 가지고 있구려."

쑥부쟁이는 '봉지심蓬之心'이라 하여 꼬불꼬불하고 좀생이 같은 마음이다. 기존의 관습이나 이름에 얽매여 창조적인 발상을 하지 못하는 경우의 비유이다. 생각이 자유로워지기 위해서는 그 이름과 형상에 얽매이지 말아야 한다.

모든 발명가나 경영자들은 발상이 자유롭다는 특성이 있다. 마음이 본래 공하기 때문에 직관으로 사물의 본질을 꿰뚫으면 무한한 쓰임새를 깨닫게 되는 것이다. 특히 사업을 하는 사람은 항상 변화에 촉각을 세우고서 대비하지 않으면 안 된다.

요즘같이 첨단 IT 기기들이 넘쳐나는 시대에서는 이런 정신이 더욱 요구된다. 반도체와 핸드폰으로 절정을 구가하던 우리나라 기업들이 스마트폰으로 옮겨가는 시류를 방관하는 오만함을 보이다가 적잖이 당황하고 있다고 한다. 이름과 생각에 갇히면 이런 결과는 필연이다.

즐거움은 자기 절제와 변화를 읽는
능동적인 정신이 보여 주는 꽃이다.

두 번째 화살은 받지 않는다

부처님께서 말씀하셨다.

"비구들이여, 가르침을 받지 않은 일반 중생들도 괴로운 느낌을 받고, 즐거운 느낌을 받고, 괴롭지도 즐겁지도 않은 느낌을 받는다. 또 나의 가르침을 받는 제자들도 역시 괴로운 느낌을 받고, 즐거운 느낌을 받고, 괴롭지도 즐겁지도 않은 느낌을 받는다. 그렇다면 이 양자 사이의 다른 점은 무엇이겠는가?"

비구들이 말했다.

"우리들의 법은 세존을 근본으로 삼고 세존을 안목으로 삼고 있습니다. 바라건대, 그것을 저희에게 말씀해 주십시오."

"가르침을 받지 않은 사람은 괴로운 느낌을 받으면 비탄에 잠기면서 매우 혼미해진다. 그것은 마치 첫 번째 화살을 받고 난 뒤에 다시 두 번째 화살을 받는 것과 같다. 반대로 이미 가르침을 받은 제자는 괴로운 느낌을 받아도 쓸데없이 비탄에 잠겨서 혼미해지지 않는다. 이것을 나는 '두 번째 화살을 받지 않는다' 고 말하는 것이다."

어디 괴로움뿐이겠는가? 즐거움도 이와 같은 공식이 적용된다. 일단 일어난 일에 대해서는 명쾌하게 판단하고 마음의 정리를 하여 마무리를 지어야지 감정을 앞세워 되갚음을 하려는 것은 이미 맞은 화살 외에도 다시 화살을 초래하는 것과 같다.

『채근담』의 한 구절이다.

"하늘이 나에게 복을 박하게 준다면 나의 덕을 두텁게 함으로써 맞이할 것이고, 하늘이 나의 몸을 수고롭게 한다면 나는

내 마음을 편하게 함으로써 보충할 것이며, 하늘이 나에게 액
운을 준다면 나는 나의 도를 형통함으로써 길을 열 것이니, 이
와 같으면 하늘인들 또한 나를 어찌하겠는가."

무엇이 세상을 지배하는가

이 세상이 생겨나던 태초의 일이다.

　모든 신들이 한 자리에 모였다. 온 우주를 다스릴 적임자를 선출하기 위해서였다. 맨 먼저 아그니데바 푸트라가 자원하고 나섰다. 그는 불의 신이다.
　"내가 제일 강하지, 우주를 다스리는 일도 당연히 내 몫이지. 한번 보여줄까?"

그는 큰 소리로 주문을 외우기 시작했다. 순간, 우주 한가운데에서 거대한 불길이 일어나 사방으로 번져나가기 시작했다. 그 앞에서 누구하나 두려움에 떨지 않는 신은 없었다. 모두 손을 들어 아그니데바 푸트라를 우주의 지배자로 선출하려고 마음먹었다.

그런데 잠시 후 유일한 반대자가 나타났다. 그는 물의 신인 왈라하께데 푸트라였다. 그가 말했다.

"내 앞에서는 어림없다."

그가 주문을 외우기 시작하자 엄청난 홍수가 일어났다. 그러자 불의 신이 일으켜 놓은 불길은 순식간에 꺼져버리고 말았다. 신들은 다시 물의 신을 우주의 지배자로 선출하려고 했다. 하지만 다시 반대자가 나타났다. 예술과 지혜의 여신 사라다 데비였다. 여신이 말했다.

"물과 불로 사람들을 겁 주거나 죽일 수는 있겠지만 나처럼 아름다움을 창조하지는 못하지. 내가 춤을 추기 시작하면 그대들은 물이나 불 따위는 잊어버리고 말 것이야. 이게 예술의 힘이지. 자 한번 보라구."

사라다 데비가 춤을 추기 시작했다. 춤과 함께 노래도 불렀다. 아름답고 황홀한 분위기가 물에 풀어 놓은 물감처럼 번져 나갔다. 모두가 매료되었고, 넋이 나갈 지경이었다. 정신이 혼미해진 신들은 물을 찾다가 그만 술잔을 들고 말았다. 그리고 입 대신 코와 눈과 귀에 술을 쏟아 부었다. 누구하나 정신을 바로 차릴 수가 없었다. 사라다 데비의 부드러우면서도 가공할 힘에 취해 버린 신들은 그녀를 우주의 지배자로 선출하려고 했다.

그때 또 하나의 반대자가 나타났다. 건달바가 손을 들고 나섰다. 이 건달바는 제석천의 음악을 맡아 연주하는 신으로, 항상 지상의 보산寶山에 있지만 때때로 겁찰전에 올라가서 하늘을 위해 음악을 연주하기도 하고, 또는 동방지국천을 따라 동방을 수호하기도 한다. 술과 고기는 먹지 않고 향기만 마시며, 부처님이 설법하는 자리에 나타나 정법을 찬탄하고 불교를 수호하는 역할을 한다.

건달바가 말했다.

"여자는 남자를 이기고 남자는 또한 여자를 이기지."

그는 곧 천상의 악기를 켜며 노래를 부르기 시작했다. 음악이 흘러나오자 모든 신들이 빠져들기 시작했다. 점차 음악에

실신을 해갔다. 무슨 귀신에라도 홀린 듯, 신들은 모두 그에게 손을 들어줬다.

더 이상 반대자가 없을 법한데 다시 유일한 반대자가 있었다. 그는 평화와 사유와 성찰의 신인 산티데바 푸트라였다. 산티데바가 말했다.

"나는 평화의 신입니다. 늘 깊은 사유와 성찰 속에서 살아갑니다. 여러분이 나를 우주의 지배자로 선택하든 안하든, 내게는 아무 상관이 없습니다. 언제나 나는 자신을 다스리고 있거든요. 우주를 지배하기에 앞서 우리 모두 자신을 먼저 다스릴 줄 알아야 합니다. 자신을 다스리기에 앞서 우리 모두 자신의 마음을 먼저 다스릴 줄 알아야 합니다. 자신의 마음을 다스리기에 앞서 우리 모두 사유와 성찰을 먼저 실천하지 않으면 안 됩니다."

신들이 놀랐다. 평소에 그 조용하던 산티데바가 이렇게 감동적인 잔잔한 말을 할 수 있으리라고는 아무도 생각을 하지 못했기 때문이다. 산티데바에게는 그런 힘이 있었다. 아무도 자극하지 않고, 아무도 강요하지 않으면서 상대를 움직이게 했다.

대상을 향한 마음 다스리기는 한계가 있기 마련이다.

그러나 나를 보고, 나를 말하고, 나를 듣는 성찰의 힘은 오직 스스로를 조절해 갈 뿐인데 상대의 마음에 잔잔한 파문을 일으킨다. 그리고 이 에너지의 파장은 자신을 돌아보게 하고 깨닫게 한다. 아무런 저항도 일으키지 않으면서.

내가 살고 있는 절에서 경복궁 돌담과 길 하나를 사이에 두고 삼청동으로 이어지는 길은 계절마다 아름다움이 있다. 이른 봄, 길가 은행나무에 돋아나는 새싹이 생명의 고결함을 말한다면, 단풍잎이 도로를 가득 메우며 떨어져 뒹구는 가을은 인생의 마무리도 행복할 수 있다는 진리의 외침 같기도 하다.

나무 한 그루에 달린 잎이 얼마나 많은 양인지 절의 느티나무 두 그루가 쏟아 놓은 잎을 치우기 위해 하루에만 몇 번째 온 대중이 운력으로 달라붙고서야 알았다.

새벽의 산책길에 도로의 그 많은 낙엽을 홀로 쓸어가는 청소 아저씨의 비질을 지켜봤다. 그는 묵묵히 낙엽을 쓸어 모아갔다. 쓸고 지난 길에 바람이 낙엽을 다시 몰아 놓기도 하고, 지나가기가 무섭게 떨어진 잎이 벌써 길 가득인데, 그는 여전히 말이 없었다. 바람하고 싸울 수는 없는 노릇이니까.

이 묵묵히 버티는 힘이
세상을 지탱하는 원동력이지 않을까 한다.

은혜를 저버린 과보

암사슴 한 마리가 사냥꾼에게 쫓기다가 포도 넝쿨 뒤로 몸을 숨겼다. 잎이 무성한 포도나무는 사슴에게 좋은 은신처가 되어 주었다. 사냥꾼이 눈앞을 지나가면서도 몸을 숨기고 있는 사슴을 지나치는 것을 보고 사슴은 몹시 기뻐했다.

위기를 모면하고 시간이 흐르자 문득 시장기가 돌았다. 사슴은 손쉽게 눈앞의 포도 잎사귀를 뜯어먹기 시작했다.

그런데 처음에는 한두 입만 먹으려고 했던 것인데 자꾸 먹다

보니 포도나무엔 잎이 얼마 달려 있지 않게 되었다. 암사슴의 몸이 드러나게 되었을 때, 다시 돌아온 사냥꾼에게 발각되고 말았다.

　사냥꾼이 활시위를 힘껏 당겨 사슴을 향해 날린 화살에 암사슴은 맥없이 쓰러지며 한탄했다.

　"죽어도 싸구나, 목숨을 구해준 잎사귀를 뜯어먹다니!"

은혜를 저버리면 원망도 많고 언젠가는
자신이 똑 같은 일로 어려움을 겪게 된다.
삶의 가능성을 내다볼 수 있는
안목을 기르는 것이 행복의 기본자세이다.

아이가 무서워요

호자가 결혼을 했다. 그리고 얼마 뒤에 아내가 아이를 가졌다. 해산이 임박하여 아내가 고통을 호소했다. 호자는 마을의 산파를 불러왔다. 산파는 곧 아기가 나올 테니 서두르라 했다. 호자가 할 일은 직접 촛불을 들고 산파를 돕는 일이었다.

잠시 뒤에 아내가 첫 아기를 낳았다. 호자는 안도의 한숨을 내쉬며 아기가 무사히 태어난 것에 감사했다.

그런데 갑자기 산파가 다급하게 소리쳤다.

"촛불을 잘 들고 계세요. 아기 하나가 더 나옵니다."

아기는 쌍둥이였다. 산파가 이것을 알고 준비를 하고 있었던 것이다.

호자는 둘째 아기가 태어나자마자 얼른 촛불을 입으로 불어서 꺼버렸다. 깜짝 놀란 산파가 어둠속에서 소리쳤다.

"아니, 지금 무슨 짓을 하는 거예요? 이 중요한 순간에 촛불을 끄면 어쩌란 말입니까?"

그러자 호자가 대답했다.

"어떻게 촛불을 안 끌 수 있겠나. 불빛만 보면 아기가 자꾸 나오는데……."

경제 사정이 안 좋을수록 결혼과 출산율이 낮아지는 것은 어쩔 수 없나 보다. 힘들게 살아가는 한 가장의 마음이 너무나 진솔하게 나타나서 마음이 찡했다.

우리처럼 홀로 살아가는 사람도 어떤 때는 이 한 몸 추스르기가 심드렁해지기도 하는데, 각박한 현실을 살아가야 하는 가장들의 어깨가 참으로 무겁겠다는 생각이 든다.

다시 호자의 이야기를 보라.

마을 사람들이 모여서 여러 가지 음식에 대해 이야기를 나누고 있었다. 한창 대화가 오가던 중, 갑자기 호자가 한숨을 내쉬며 중얼거렸다.

"아, 그 맛있는 헬바^{터키인들이 간식으로 먹는 약과}를 한번 먹어 봤으면!"

마을 사람들이 이상하다는 듯이 호자를 바라보며 물었다.

"선생님, 그게 뭐 어려운가요. 밀가루 조금과 기름, 설탕만 있으면 될 텐데."

호자가 말했다.

"밀가루와 기름이 있으면 설탕이 없고, 설탕과 기름이 있으면 밀가루가 없고 그랬지."

마을 사람들이 다시 물었다.

"아니 그럼 여태 세 가지가 동시에 집에 있었던 적이 한 번도 없었단 말씀이세요?"

그러자 호자가 대답했다.

"그때는 또 내가 집에 없었네."

중국의 젊은 작가로 『허삼관매혈기』를 쓴 위화의 소설을 보

면서 가정을 꾸려나가는 한 가장의 삶이 참으로 가슴 아팠었
다. 우리나라도 그런 때가 있었고 중국에서는 돈을 받고 피를
파는 '매혈'이 난무하였다. 이것은 한 가장이 목숨을 건 매혈
로 극도의 곤궁한 삶을 살아가는 과정을 그린 것이다.

　이것 말고도 위화의 소설들을 전부 구입해 읽었는데, 이 소
설을 번역한 이가 우리 절 신도의 아들임을 나중에야 알고 얼
마나 반가웠는지 모른다.

　뛰어난 현인들은 결코 눈앞의 물질에 영혼을 팔지 않았고
담담하게 자신의 길을 걸어갔던 공통점이 있다.

　『논어』「술이」편에는 재미있는 구절이 나온다.

　섭공이라는 사람이 공자의 제자인 자로에게 공자가 어떤 사
람이냐고 물었으나 자로가 어떻게 대답을 못하고 말았다. 이
말을 들은 공자님의 말씀이 이랬다.

　"너는 왜 말하지 않았느냐. 그 사람됨이 분발하면 먹는 것도
잊고, 항상 즐거워하며 근심을 잊고, 자기가 늙어가는 것도 모
른다고."

자로가 답을 못했던 것은 스승을 한 마디로 평가하기가 조심스러워서 그랬을 것이다. 만약 그렇다면 백번 대답을 못해도 아름답다. 이 이야기가 흥미로운 것은 공자가 자신에 대해 스스로 말했기 때문이다. 노력하고, 근심하지 않고, 세월이 흘러감도 생각할 겨를이 없다는 자신의 인생철학이 여실히 드러나 보인다.

공자는 제자들에게 "자신은 숨기는 것이 없다"고 했다. 스승과 제자가 아름다울 수 있는 것은 이런 흔연한 자세 때문이다.

공자의 자세도 고결하지만, 호자의 유머가 자신의 삶을 너무나 진솔하게 보여 주는 것이라서 이 이야기를 읽으면 매번 웃으면서도 한편 아프다.

나의 삶을 내버려 두게

불교에서는 모든 존재가 윤회한다고 한다. 이 윤회사상은 인도 고유의 전통이기도 하면서 불교에 수용되어 왔다. 서양에서는 삶은 삶이고 죽음은 죽음이라는 식이어서 삶과 죽음이 혼용될 수 있다고 보지 않는다.

"A는 A 아닌 것과 같지 않다"는 형식 논리가 서구에서는 중요한 논리법칙이다. "A는 A"라는 것이다. 그래서 죽음을 '영면'에 든다 하고, 다시 태어나는 것을 '부활'이라 하지만 그

육신에 다시 온다는 정도였다.

중국에서는 '혼백'이라 하여 죽으면 혼과 뼈로 나뉘지며 다시 태어난다는 것은 생각하지 못했다. 그러나 불교에서는 윤회사상으로 인하여 삶과 죽음에 대해 비교적 자유로운 입장이었다.

어느 날 늙은 수행자가 명상을 하는 중에 자신의 내생을 알게 되었다. 그는 제자들을 불러 말했다.

"난 곧 죽게 될 거야. 그리고 돼지로 환생할 거네. 저 마당의 쓰레기를 뒤지는 암퇘지의 네 번째 새끼가 될 거야. 그런데 이마에 붉은 표시가 있어서 알아볼 수 있을 것이네. 그때 기다렸다가 바로 나를 죽여 주게. 돼지로 살고 싶지는 않으니까 말일세."

제자들은 스승의 유언을 따르기로 했다. 스승의 예언대로 암퇘지의 네 번째 새끼는 붉은 표시가 그어져 있었다. 제자들이 칼을 날카롭게 갈아 그 돼지를 죽이려고 할 찰나였다. 순간 돼지의 외마디 외침이 들렸다.

"잠깐, 유언은 취소하겠네. 날 죽이지 말게."

제자들이 놀라 멈춰 서자 새끼돼지가 간절한 눈빛으로 말했다.

"자네들에게 부탁할 때는 돼지의 삶을 몰랐어. 막상 돼지가 되어 보니 아주 좋네. 그냥 돼지로 살고 싶네. 제발 나를 내버려 두게."

삶을 예단하기는 어렵다. 『장자』에는 인간세의 변화에 일희일비하지 말 것을 설파하는 내용들이 나온다. 삶을 유장한 호흡으로 보라는 것이다.

미녀 여희는 한 변경지기의 보잘것없는 딸이었다. 그녀가 진나라 왕의 눈에 들어 궁궐로 데려갈 때는 가기 싫어서 눈물로 옷을 다 적실 정도였지만, 왕의 처소에서 식사를 하고 잠을 자보고 나서는 울던 일을 후회했다 한다.

또 송나라 사람이 예식 때 쓰는 모자를 잔뜩 짊어지고 월나라에 팔러갔다. 그러나 월나라 사람들은 모두 머리를 짧게 깎고 몸에는 문신을 하고 있어서 모자가 필요 없었다는 이야기다.

삶은 본시 어려운 것이다.

삶의 기적이란

이슬람의 창시자인 모하메드에 대한 아름다운 이야기를 알
고 있다.

어떻게 된 일인지 모하메드가 사람들에게 기적을 보이겠노
라고 예고했다. 그 기적은 믿을 수 없게도 산을 움직이게 하는
일이었다. 공언한 날이 되어 사람들이 이 기적을 보기 위해 몰
려들었다. 그러자 모하메드는 군중을 앞에 두고 산을 향해 외

쳤다.

"산이여, 이리로 오라!"

산은 움직이지 않았다. 그는 다시 한 번 외쳤다.

"산이여, 이리로 오라!"

두 번째에도 불구하고 산은 움직이지 않았다.

그러자 모하메드는 다시 한 번 더 외쳤다.

"산이여, 이리로 오라!"

하지만 산은 요지부동이었다. 군중들이 적잖이 실망하는 소리도 들렸을 것이다.

모하메드가 군중들을 향해 말했다.

"여러분! 나는 산을 향해 세 번 외쳤습니다. 그렇지만 산은 꿈쩍도 하지 않았습니다. 그렇다면 이제는 내가 산을 향해 걸어가는 수밖에 없습니다."

그러면서 모하메드는 산을 향해 뚜벅뚜벅 걸어가기 시작했다. 만약 산이 움직였으면 그는 술사에 지나지 않는다. 이해할 수 있는가? 기적은 현란한 게 아니다. 삶의 질서를 벗어난 것은 기적이 아니다. 시간이 지나면 색이 변하는 마술보다 못하다.

세상은 여전히 가짜가 많아서 진짜가 나올 틈이 없다. 세상은 술사를 더 높인다. 그렇지만 그것은 삶의 기적이 아니다.

일본의 한 절에서 있었던 이 이야기를 난 좋아한다.

혜현이라고 하는 선사께서 산중에서 은거하고 있었다. 어느 날 장대 같은 폭우가 쏟아져서 본당에 물이 새기 시작했다. 선사는 제자들에게 뭔가 물 받을 만한 것을 가져오라고 소리쳤다. 그러나 워낙 가난한 절이라서 물을 받을만한 양동이 하나도 변변치 않았다.

제자들이 어쩌지 못하고 우왕좌왕하고 있을 때, 어린 사미승이 마루 끝에 있던 소쿠리를 들고 와서 스님께 내밀었다. 구멍 숭숭 뚫린 소쿠리에 어떻게 물을 받을 수 있겠는가. 그런데 이 엉뚱한 일에 직면한 스님은 웃으면서 칭찬을 아끼지 않으면서 이렇게 말했다.

"애야, 또 뭐가 있나 찾아보아라."

이런 경우 빤한 일이라서 가만히 있는 것과 다름이 없을지라도 당장의 할일을 하는 경우는 정말로 많이 다르다. 참선하는 세계에서는 이런 것에 깊은 의미를 둔다. 남이 하는 생각으로는 남과 같다. 남과 다른 생각을 하는 사람은 분명 남과 다른 길을 가게 된다.

옳고 그름의 문제도 본질의 세계에서는 전혀 다른 의미를 갖는다. 당장 말고는 달리 다른 세계가 없다. 지금 할 수 있는 것을 정성을 다해 살아가는 자세가 기적을 일으킨다.

중국 당대의 조산 본적840~901 선사가 하루는 제자에게 물었다.

"부처님의 진실한 법신은 허공과 같으며, 물속의 달처럼 어떤 사물에라도 응하여 그 모습을 나타낸다고 하셨는데, 그 응하는 도리를 어떻게 설명하겠는가?"

제자가 대답하였다.

"나귀가 우물 속을 들여다보는 것과 같습니다."

"대답은 그럴싸하고 빠르지만 팔 할만 터득했구나."

"스님께서는 어떻게 말씀하시겠습니까?"

"우물이 나귀를 보는 것과 같다."

　우리는 나귀가 우물을 보는 것만 안다. 이건 대수롭지 않다. 남이 보는 대로 보고 남이 생각하는 대로 생각하는 것은 대단할 것이 없다. 꿀을 보면 단맛을 알고 천지의 모든 것이 달려든다. 쓴 생강에 집을 지을 미물은 없다. 알 것은 다 안다. 이건 대단하지 않다. 이런 말 들어보았는가. 우물이 나귀를 보듯 사는 삶은 어떤 것인가.

　여름이 되면 난 부채에 선사들의 장쾌한 한 마디를 써넣어 선물하곤 한다. 해마다 경구가 달라지게 마련인데, 지난해만 해도 잘 썼던 문구는 이런 것이었다.
　"늙은 쥐가 생강을 깨물었다[老鼠咬生薑]."
　늙은 쥐는 경험이 풍부하고 의심이 많아서 굉장히 조심스럽다. 이 쥐가 한밤중에 먹을 것을 찾아 나섰다가 뭔가 눈에 띄어서 냉큼 물었다. 캄캄한 어둠 속에서 혀끝에만 의식을 집중하고 있던 늙은 쥐가 "어이쿠, 쓰다 써!" 했을 것인데, 그 생강을 깨물 때의 아찔한 기분을 설명이야 매번 해 주지만 실제 얼마나 받아들일지는 알 수 없는 일이다.

모하메드는 산이 오지 않자
자신이 산을 향해 걸어갔다.

기적이다!

탄로 난 여우의 둔갑

옛날 일본의 한 시골에 도박꾼이 있었다.

하루는 도박에서 지고 집으로 가던 중에 여우를 만났다. 도박꾼은 여우에게 혹시나 하고 말을 건넸다.

"여우야, 내 부탁을 한 번만 들어주게나."

여우가 말했다.

"대체 어떤 일인데?"

"응, 다름이 아니라 비싼 다기로 둔갑해 주었으면 해."

“그럼, 찬합 한 개에 청어 한 묶음을 가져다 준다면 소원을
들어주지.”

이 도박꾼은 여우가 원한 음식을 보자기에 싸서 굴 앞에 놓
아주었다. 여우는 그것을 보자 신이 나서 공중제비를 한 바퀴
돌더니 아름다운 다기로 변신했다. 도박꾼은 이것을 들고 절로
가서는 스님에게 말했다.

“스님, 좋은 다기가 생겼습니다. 세 냥이면 팔겠습니다.”

스님은 흡족해하며 값을 치르고 동자승을 불러 깨끗이 닦아
오도록 시켰다. 동자승은 물가로 가서 모래를 묻혀 북북 문지
르기 시작했다. 다기로 변한 여우는 아파서 견딜 수가 없었다.

“동자, 살살 문질러. 아프니까 살살 좀 해.”

깜짝 놀란 동자는 스님께 달려가서 다기가 말을 한다고 외쳤
다. 그러나 스님은 놀라지 않고 새것은 원래 말을 한다고 안심
시켰다.

동자가 다시 물가로 가서 다기를 세게 문지르자 다기는 또
아우성을 쳤다. 동자는 이번에는 다기의 소리에도 아랑곳하지
않고 계속 문질러 댔다.

이 일이 끝나자 이번에는 화덕에 매달아 끓이라 했다. 동자

가 화덕의 나무에 불을 붙여 물이 끓기 시작하자, 다기는 "불을 꺼, 뜨거워 견딜 수가 없어" 하며 소리를 질렀다. 이 사실을 스님께 이르자 새 다기는 원래 그러니 불을 더 세게 지피라고 하는 것이었다.

동자가 불을 더 지폈더니 다기에서 갑자기 귀가 솟아났다. 또 머리가, 꼬리가 나오더니 이번에는 발까지 나오는 것이었다. 형체를 드러낸 여우가 튀어 오르더니 숲속으로 도망치며 말했다.

"하마터면 죽을 뻔 했다니까!"

어린아이들에게 이야기를 들려주는 것은 아주 중요하다. 엄마나 할머니, 할아버지의 이야기 속에서 삶이 뿌리를 내리기 시작한다. 특히 동화는 반복되는 지문을 빠뜨리지 말고 그대로 읽어야 한다. 이 반복에 공부의 묘가 있다.

우리 감성은 반복을 통해서 기억됨을 잊지 말라.

신기한 수탉과 망고

과일만큼 인간에게 주어진 큰 축복도 없을 것이다. 과일 없는 식탁을 상상해 보라. 마켓도 과일이 없으면 삭막할 것이다. 열대의 과일 중에 내 입맛에 맞는 것은 두리안과 파파야, 그리고 망고가 있다.

아프리카의 우화집을 읽다가 망고에 대한 이야기를 알았다. 망고 생각이 나서 이야기를 참을 수 없다.

어느 아프리카의 대륙 한가운데 살아가는 부족이 있었다. 그 부족 중에 한 노인이 죽어가면서 젊은 외동아들에게 마지막 말을 남겼다.

"아들아, 나는 이제 조상들의 품으로 가게 되었구나. 너에게 하얀 수탉을 물려주마. 그 닭은 부와 명예를 가져다 주는 영험한 닭이니라. 남에게 은혜를 베풀면서 잘 보살피도록 해라."

노인이 죽고 아들은 수탉을 닭싸움 대회에 출전시켜 큰돈을 벌었다. 사람들은 이 닭을 사겠다며 많은 돈을 제시했지만 그는 결코 팔지 않았다. 그는 대궐 같은 새집을 지어 부를 누리는 한편, 이웃에도 선행을 하였다.

이웃들은 당연히 시기심이 생겼다. 이웃집 여자가 꾀를 내어 닭이 지나는 길에 옥수수를 뿌려 놓았더니 수탉이 정신없이 모조리 다 쪼아 먹는 것이었다. 이렇게 며칠이 지나자 닭이 몰라보게 살이 올라 있었다.

갑자기 여자가 찾아오더니 따지기 시작했다. 옥수수를 수탉이 먹어버리는 바람에 자신들은 굶게 생겼다고 변상하라고 다그쳤다.

그는 옥수수 값을 변상하겠다고 했는데도 여자는 뱃속에 든 옥수수로만 받겠다고 우겼다. 할 수 없이 마을의 재판에 붙여졌는데, 모두 여자의 편을 든 바람에 그는 수탉의 배를 갈라 소화되지 않고 있는 옥수수 몇 알이라도 줄 수밖에 없었다.

젊은이는 사람들이 싫었다. 그리고 집에만 틀어박혀 지냈다. 닭만 생각하면 슬픔이 밀려왔다. 세월이 흘러 수탉이 묻힌 자리에서 망고 나무가 자라나기 시작했다. 나무는 쑥쑥 자라 몇 년 만에 탐스런 망고를 주렁주렁 맺었다. 심술궂은 여자는 망고를 하나만 먹어도 되느냐고 말을 붙였다. 상대하기 싫은 젊은이는 귀찮아서 그렇게 하라고 했다.

그러자 여자는 어린 아들을 데리고 와서 망고를 맛보게 했다. 망고 맛에 홀딱 반한 아이는 주인의 허락도 없이 매일같이 망고를 따먹기 시작했다.

그러던 하루는 주인인 젊은이에게 들키고 말았다. 옛날 생각에 화가 치민 젊은이는 망고를 물어내라며 똑같이 아이의 배를 가르라 했다. 여자는 울고불고 애원했지만 마을의 재판관들도 전과 같이 하도록 할 수밖에 없었다.

그러나 이것은 젊은이가 그냥 말로 해 본 것이었다. 그는 용서를 하고는 다시 집 안에 들어가서 밖으로 나오지 않았다. 이

제야 자신의 행실을 깨달은 여자는 자신의 질투와 시기를 없애
달라고 하늘에 빌었다. 그러면서 미움은 미움으로 망할 수 있
음을 깊이 뉘우쳤다.

　이런 일이 있고 난 후로 망고 나무에는 황금과일이 열리게
된 것이다.

　과일의 과육은 과일의 마음이다. 사과 맛이 다르고 딸기 맛
이 다르다. 과일의 뜻은 이렇다.

　"난, 움직이지 못합니다. 과일이 나무에서 떨어져 뒹굴어도
몇발짝 가지 못합니다. 내가 그냥 도와달라는 것이 아닙니다.
과육을 선사할 테니 맛있게 드시고 씨를 뱃속에 넣어 될 수 있
으면 멀리 떨어진 곳에 가서 뒷일을 보세요. 그뿐이랍니다."

　다시 말하면 과일을 먹을 때 꼭 씨앗까지 먹고 산이나 들에
응가를 해야 한다. 과일이 요구하는 것이 그렇다는 말이다.

　식물들이 씨앗을 퍼트리는 방식도 비슷하다. 어떤 것은 사
람의 옷이나 동물의 털에 붙어 먼 거리를 이동하기도 하고, 물
이나 바람을 타기도 한다. 민들레 솜털은 40km를 이동한다고
한다. 씨앗이 만약 철새의 뱃속에 들어간다면 대륙 하나쯤은

거뜬히 넘는다.

　불교에서는 세상의 모든 것을 ‘묘법妙法’이라고 한다. ‘묘’
는 어떻게 말로 설명하지 못한다는 뜻이다. 그래서 “원인도
묘하고 결과도 묘하다[妙因妙果]”라는 말이 있다.
　시작도 묘하고 결과도 묘한 게 자연의 이치이다. 세상을 긍
정적이고 즐겁게 살기 위해서는 각각의 존재마다 존재의 방식
이 있고, 내가 살아가듯 그들도 살아가고 있음을 경이롭게 볼
수 있어야 한다.

　기적은 경이로운 마음의 자세 위에 내리는
　흰 눈 같은 축복이다.

스스로를 버리지 말라

무서운 독을 가진 뱀이 살고 있었다. 초동들이 소떼를 몰고 다니는 목초지가 뱀의 집이었다. 목동들은 모두 이 뱀을 무서 워했기 때문에 풀밭에서는 더욱 조심스레 살피면서 다녔다.

하루는 한 수행자가 그 목초지를 걷고 있었다. 목동들이 이 수행자를 발견하고는 달려가서 이 길은 위험하니 가면 안 된다 며, 저 아래의 흙길을 따라가라고 했다. 아이들에게 뱀에 대한 설명을 들은 수행자가 말했다.

"괜찮다. 나는 몇 가지 만트라를 알고 있어서 뱀을 물리칠 수 있단다."

그리고는 풀밭을 따라 계속 걸었다. 풀숲에 있던 뱀이 발소리를 듣고는 재빨리 움직이기 시작했다. 뱀이 가까이 다가오자 그는 만트라를 외우기 시작했다. 만트라를 들은 뱀은 갑자기 순하게 변하여 발아래에 엎드렸다. 수행자가 말했다.

"너는 왜 사람들을 해치려고 하느냐? 이리 오너라. 너에게 성스러운 말을 가르쳐 주겠다. 이것을 반복해서 외우면 세상을 사랑하는 법을 배우게 될 것이다. 그러면 너에게서 포악한 성격이 없어지고 궁극에는 깨달음을 얻을 것이다."

수행자는 뱀에게 만트라를 알려주고 영적인 길로 안내를 해주었다. 뱀은 수행자를 스승으로 모시고 싶었다. 그래서 절을 올리고 물었다.

"제가 어떻게 하면 영적인 수행을 할 수 있겠습니까?"

수행자가 대답했다.

"내가 가르쳐 준 성스러운 말만트라 을 반복해서 외우도록 해라. 그리고 아무도 해치지 말거라. 내가 나중에 다시 너를 보러 오겠다."

수행자가 떠나고, 며칠이 지나서 아이들은 더 이상 뱀을 무서워하지 않아도 된다는 사실을 알게 되었다. 뱀은 너무나 유순하게 변해 있었다. 하루는 아이 하나가 뱀 꼬리를 잡아 올렸는데도 오히려 뱀은 수줍어 할 뿐 물려하지도 않았다. 아이들은 신이 나서 뱀을 빙빙 돌리기도 하고 멀리 던져버리기도 했다. 뱀은 피를 토하면서 의식을 잃고 말았다.

한밤중이 되어서야 정신을 차린 뱀은 몸을 움직여 보았지만 온몸의 뼈가 으스러졌는지 통증만 심할 뿐 몸이 움직여지지가 않았다.

여러 날이 지나도록 아무것도 먹지 못한 뱀은 점점 야위어 갔다. 아이들의 눈을 피해 밤이 되어서야 굴 밖으로 나와서 풀뿌리나 나무 열매로 간신히 목숨을 이어가고 있었다.

한 해가 지나고, 수행자가 마을에 나타나 아이들에게 뱀에 대해 물었다. 뱀은 죽고 없다고 했다. 그러나 수행자는 그들의 말을 믿을 수 없었다. 뱀은 이미 성스러운 수행을 시작했기 때문에 그 결실을 얻기 전까지는 죽지 않는다는 것을 그는 알고 있었다.

풀숲으로 들어간 그는 뱀을 찾기 시작했다. 스승이 자기를 찾는 소리를 들은 뱀은 굴 밖으로 나와 스승의 발아래에 야윈 몸을 기대며 슬피 울었다.

"왜 그렇게 야위었느냐?"

"아이들이 저를 심하게 다뤘습니다."

"어떻게 다뤘단 말이냐."

"스승님께서 아무도 해치지 말라고 말씀하셨기 때문에 그들이 괴롭혀도 참았고, 나무 열매만으로 지내왔습니다."

스승이 큰 소리로 말했다.

"너는 참으로 어리석구나. 너를 보호할 줄도 모른단 말이냐. 사람을 물지 말라고 한 것과, 누가 너를 함부로 해치지 못하도록 내버려 두라는 것과는 다르다. 왜 '쉿, 쉿' 거리며 겁을 주지 않았단 말이냐."

인간이 어느 선까지 자신을 지키기 위해 '쉿―쉿' 거려야 하며, 그럼에도 불구하고 이빨로 물지는 말아야 하는지, 삶은 이렇게도 비밀스러운 건지, 어렵다.

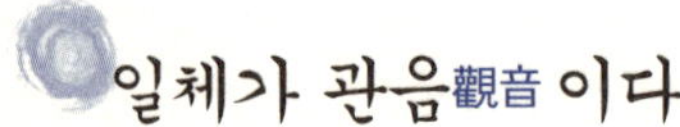

일체가 관음觀音이다

옛날 중국의 한 마을에 관세음보살이 현현했던 이야기다.

이 오지의 마을 사람들은 관세음보살을 몰랐다. 아름다운 처녀로 변한 관세음보살은 마을로 내려가 강에서 잡은 생선을 내다 팔았다. 바구니의 생선이 팔려서 비면 처녀는 어디론가 사라졌고, 다음 날이면 어김없이 나타나 생선을 잡아 파는 일을 반복했다.

소문은 삽시간에 퍼졌다. 특히나 마을의 젊은 청년들은 처녀에 반하여 가슴앓이를 하였다. 하루는 십 수 명의 청년들이 처녀를 둘러싸고 말했다.

"우리 가운데 한 사람과 결혼해 주시오."

처녀가 대답했다.

"내가 어떻게 여러 사람과 결혼할 수 있겠어요. 내일 아침까지 관음경을 외워온 사람에게 시집을 가겠어요."

다음 날, 열 명 정도의 청년이 경을 외워왔다. 처녀가 말했다.

"사람이 아직 많군요. 내일까지 경을 해석해 줄 수 있는 분이면 좋겠습니다."

다음 날, 사람은 넷으로 줄었다.

처녀는 다시 말했다.

"저는 오직 한 분께만 결혼을 허락할 수 있습니다. 누가 경의 뜻을 체험해 올 수 있겠습니까?"

며칠이 지나 한 청년만이 처녀 앞에 나타났다. 처녀가 반가워하며 말했다.

"강을 돌아가면 제가 사는 조그만 집이 있습니다. 오늘 저녁에 그리로 오시면 남편으로 맞아들이겠습니다."

　저녁이 되자 청년은 처녀가 가르쳐 준 대로 강을 돌아가자 오두막이 나타났다. 집 안으로 들어갔더니 마당에는 한 마을임에도 불구하고 처음 보는 노부부가 나와 있었다. 노파가 말했다.

　"자네를 기다리고 있었네. 방으로 들어가게나. 우리 딸아이가 있을 것이네."

　청년이 방문을 열고 들어갔더니 방은 텅 비어 있었다. 처녀도 보이지 않았다. 다만 창이 하나 있어서 내다보니 모래 위에 발자국이 나 있었다. 청년은 창을 넘어 발자국을 따라가 보기로 했다. 발자국은 강을 향해 있었다. 그가 물가에 이르렀을 때, 작은 신발 한 짝이 남겨져 있었을 뿐 처녀는 보이지 않았다. 그는 알 수 없는 궁금증에 그 자리에 얼마간 서 있었다.

　강바람이 불어오는 저물녘. 어둠 속에서 그는 깨달았다. 처녀는 저 텅 빈 허공의 현현이었다. 허공이 몸인 그녀는 육신의 몸으로는 더 이상 만날 수 없는 것. 그는 갈대의 속삭임을 들었다.

"관음의 현현 아닌 게 있는가?"

황제, 천상에 가다

자이나교의 고대 경전에는 의미심장한 이야기가 들어 있다고 한다. 어떤 사람이 온 세계를 통치하는 황제가 되면 그에게는 '차크라바르틴chakravartin'이라는 존칭이 붙는다. '전륜성왕轉輪聖王'으로 번역되는 이 단어는 인도 신화에서 통치의 수레바퀴를 굴려 세계를 통일하여 지배하는 이상적인 제왕으로 불린다.

기원전 3세기, 인도 마가다국의 제3왕조인 마우리아 제국의 제3대 왕으로 인도사상 최초의 통일국가를 이룬 아소카 왕이 그렇고, 동아시아 불교에서도 불교 흥성기의 불법홍포에 공덕이 있는 왕을 '전륜성왕'으로 미화해서 칭하기도 했다. '차크라'는 '바퀴'란 뜻이다.

고대 인도에는 불필요한 전쟁과 폭력을 피할 수 있는 한 가지 방법이 있었다. 이륜전차가 한 왕국에서 다른 왕국으로 지나가는 것이다. 명마가 이끄는 황금으로 치장된 이 마차는 왕이 보내는 무언의 메시지다.

상대 왕국에서 전차를 별 저항 없이 받아들여 통과시킨다면 이 나라는 그를 자신들의 왕으로 받아들인다는 것이고, 그는 차크라바르틴이 된다. 반대로 가로 막히는 경우는 말할 것도 없이 전쟁을 의미했다. 그래서 굳이 싸우지 않고도 세상을 통일하는 차크라바르틴은 모든 왕들의 공통된 소원이었다.

고대 신화에나 등장할 법한 이런 위인은, 마케도니아라는 작은 국가의 젊은 왕으로서 광활한 페르시아 제국을 정복한 기원전 4세기의 알렉산더 대왕이랄지, 13세기 세계를 제패한 칭기즈칸을 뛰어넘는 무엇이 있다.

전차를 보내는 일은 대수롭지 않아 보이지만, 상상을 초월하는 권력과 확신이 있어야 한다. 전쟁과 타협의 갈림길. 이럴 때, 인간은 고민스럽다. 상징적인 의미로 마차를 보내면 그뿐이다. 꽃으로 환영받을지, 마차를 다시 볼 수 없는 치욕을 맛보게 될지는 다음의 일이다. 순서로 보면 그렇다는 말이다.

고대에 차크라바르틴이 된 한 남자의 이야기다.

세상의 반 정도는 미지의 땅이었고, 개척된 땅은 많지 않았던 신화 같은 시절로부터 전해 내려오는 이야기다. 그때는 그 반마저도 통일되지 않았다. 그런데 한 사람이 차크라바르틴이 되었던 것이다. 이 희대의 왕이 되면 지상에서 뿐만 아니라 천상에서도 자리가 배정되어 있고 환영받는다는 말이 전래되던 시기였다.

자이나교 신화에 따르면 천국에는 히말라야와 비슷한 산이 하나 있다고 한다. 이 산의 이름이 수미산이다. 이 수미산은 불교에서도 많이 쓰이는 개념이다. 불교의 우주관에서, 세계의 중앙에 있다는 산. 꼭대기에는 제석천이, 중턱에는 사천왕이 살고 있으며, 그 높이는 물 위로 팔만 유순이고 물 속으로 팔만 유순이며, 가로의 길이도 이와 같다고 한다.

북쪽은 황금, 동쪽은 은, 남쪽은 유리, 서쪽은 파리坡璃로 되어 있고, 해와 달이 그 주위를 돌며 보광寶光을 반영하여 사방의 허공을 비추고 있다.

산 주위에 칠금산이 둘러섰고 수미산과 칠금산 사이에 칠해七海가 있으며 칠금산 밖에는 함해鹹海가 있고 함해 속에 사대주가 있으며 함해 건너에 철위산이 둘러 있다.

이 우주적으로는 최후의 산이고, 최후의 귀의처이다. 이보다 높을 수 없고, 이보다 즐거울 수 없는 안락의 산이다. 갖가지 보석으로 치장되어 있으니 귀하기도 이보다 귀할 수 없다.

이 차크라바르틴이 죽어 천국으로 인도되었다. 이 수미산에는 이 같은 위인들의 이름을 기록하는 공간이 있었다. 그는 이 영광을 얻었다. 이 사실에 그는 몹시 흥분되었다. 수천 년 만에 나올까말까 한 희대의 이름을 새길 기회를 만나서 더없이 행복하기만 했다. 그가 수미산에 당도하자 산지기가 맞이했다.

산지기가 그에게 다가와 이름을 새길 여러 가지 도구를 가져다 주었다. 그런데 황제는 혼자가 아니었다. 옛날에는 황제가 죽으면 따라 죽는 사람이 많았다. 그는 자기와 함께 천상에 올라간 부하들에게 이 자랑스런 순간을 보여 주고 싶었다. 그래서 산지기에게 부하들이 볼 수 있도록 허락해 달라고 부탁했다. 혼자 누리는 즐거움은 사실 크지 않다. 대신 누군가 옆에서 거들어 주면 즐거움은 더욱 자라고 커지게 마련이다.

산지지가 말했다.

"내가 충고하나 하겠소. 우리 집안은 대대로 수미산을 지키는 일을 해 왔소. 셀 수 없는 세월을 대대로 전수받아가며 내려왔던 것이오. 그러니 내 말을 듣는 게 좋을 것이오. 부하들을 데려오지 마시오. 안 그러면 후회하게 될 것이오."

황제는 이해하기 어려웠다. 그렇지만 이런 충고를 무시해서는 이로울 게 없다는 것을 제국을 통치하면서 익히 아는 바다. 문제는 호기심이 일기 시작하면 일을 벌이고 마는 것 또한 인간이 가지는 속성임을 어찌하랴.

산지기가 계속 말했다.

"그 사람들에게 보여 주고 싶다면 먼저 가서 이름을 새기도록 하시오. 그 후에 부하들을 부르시오. 지금 당장 데려온다면 난들 어찌할 도리는 없다오. 그러나 내 말을 들으려거든 당장

혼자서 새겨야 하오. 사람들이야 나중에 봐도 충분하오. 그러
나 지금은 혼자서 하는 게 좋소.”

황제는 이 말을 따르기로 마음먹었다. 그는 수미산으로 갔
다. 수미산은 수천 개의 태양 아래서 찬란하게 빛나고 있었다.
눈을 뜰 수 없을 정도로 화려한 풍광이었다. 그가 정신을 가다
듬어 이름을 새기는 곳을 찾아서 올라갔다. 그런데 황당하게도
이미 수없는 이름이 그곳에 쓰여 있었다. 물론 그들도 모두 황
제요, 차크라바르틴이었다.

그 크고 넓은 곳임에도 불구하고 한 뼘 크기의 공간도 없이
이름들이 빼곡히 들어 차 있었다. 그는 산지기에게 돌아왔다.
그는 비로소 산지기의 말을 이해할 수 있었다. 부하들은 오로
지 자기 한 사람만이 유일무이한 황제로 생각하는데, 그 셀 수
없는 이름들을 본다면 크게 실망하지 않겠는가. 산지기에게 말
했다.

“공간을 찾을 수 없었소.”

산지기가 말했다.

“내가 말하고자 했던 바가 바로 그것이오. 그대가 할 수 있
는 일이라고는 이미 있는 이름을 지우고 써넣는 길밖에 없소.

지금 있는 이름들도 모두 그런 방식으로 기록된 것이오. 나도, 내 아버지도, 할아버지도, 선대의 모든 조상들이 산지기를 하면서 겪었던 일이오. 내가 알기로 지금의 수미산을 샅샅이 뒤져도 공간이 남아 있지 않소. 모든 차크라바르틴들이 이런 식이오. 기존의 이름을 지워서 공간을 만들어 써 넣도록 하시오. 그런 후에 부하들을 부르는 게 나을 것 같소만.”

황제가 한숨을 쉬며 말했다.

“아니오. 포기해야겠소. 그런 식이라면 이름을 새기는 것이 무슨 의미가 있겠소. 필경 언젠가는 내 이름도 지워질 게 분명하오. 내 인생은 물거품이 되었소. 천상에 이름을 올리는 것이 사후의 유일한 위안이었는데 이제 아무런 가치를 느끼지 못하겠소.”

산지기가 웃었다.

“이것도 대대로 내려오는 말이오. 이 말을 들으면 누구든 이름이 새겨지기를 바라지 않을 거라 했소. 물론 당신이 처음은 아니오. 하지만 차크라바르틴이 될 정도의 영웅이라면 그는 이런 일에 흥미를 느끼지 못할 것이오.”

“황제는 말이 없다”는 것은 중국의 오랜 전통이다. 말을 많이 하지 않아도 세상을 지배하고, 세상은 그에게 귀의한다. 자기 힘에 대한 믿음이 없으면 참된 세상의 주인이 아니다. 자기의 영향력을 생각하지 말고 스스로의 믿음과 삶의 질서에 눈을 떠야 한다.

평상심이 도라는 것은 평상시의 마음이 아니라 평소에 하던 자세로 유연하고 자연스럽게 일을 대하고 처리해 가는 자세를 말한다. 이 사소한 삶의 질서가 나의 삶을 아름답고 신비롭게 한다.

인디언들의 밤노래 - 나바호족

체기히!
새벽으로 만든 집
저녁 빛으로 만든 집
먹구름으로 만든 집
남자 비로 만든 집
어두운 안개로 만든 집
여자 비로 만든 집

꽃가루로 만든 집

메뚜기로 만든 집

문 앞은 먹구름

문 앞으로 난 길은 먹구름

갈라진 번갯불이 그 위에 높게 서 있으니

위대한 정령이시여!

당신의 제물을 바칩니다.

당신을 위해 담배연기를 준비했습니다.

저의 발에 기운을 불어넣어 주시고

저의 다리에 기운을 불어넣어 주시고

저의 몸에 기운을 불어넣어 주시고

저의 마음에 기운을 불어넣어 주시고

저의 목소리에 기운을 불어넣어 주십시오.

기쁨으로, 풍성한 검은 구름과 함께 걸을 수 있도록

기쁨으로, 풍성한 소나기와 함께 걸을 수 있도록

기쁨으로 풍성한 식물들과 함께 걸을 수 있도록

기쁨으로, 꽃가루 길을 따라 걸을 수 있도록

오래전에 그랬듯이, 그렇게 걸을 수 있도록.

인디언이나 원주민들의 삶을 들여다보면 머릿골이 시원해지를 것을 느낄 수 있다. 그들에겐 한 몸 가고 머무는 곳이 모두 집이다. 몸만 거하는 것이 아니라 잠깐 마음을 준 것이라도 모두 집이 된다. 그들은 자연의 대지와 정령을 위해 담배연기를 올린다. 종교의식에서 향을 피우는 것처럼, 이 향기의 변화가 영혼의 상승을 이끌어낸다. 그들은 인간의 기운이 아니라 자연의 기운을 원한다. 왜냐하면 그들의 몸과 마음은 자연의 기운이 모이는 성스러운 성전이기 때문이다.

기쁨으로, 기쁨으로 그것이 소나기든 검은 구름이든 꽃가루든, 앞선 사람들이 살았던 방식과 길을 따라 두려움 없이 삶을 지켜나가겠다는 겸허한 기도다.

장자는 말했다.

지극한 사람은 내가 없고　　　　至人無己
신인은 뭘 했다는 생각도 없고　　神人無功
성인은 이름조차도 없다　　　　　聖人無名

절집의 예불문은 "지심귀명례至心歸命禮……"로 시작된다. 지극하다는 것은 나와 대상이 하나가 됨을 의미한다. 하나가 되면 '시험에 들까 두려워하는' 마음도 사라진다. 그는 번민 없이 존재하는 사람이다. 신비로운 사람, 신과 같은 사람은 자신이 하고서도 했다는 마음이 없다. 뭔가의 성취를 생각한다는 것은 자기가 한 일에 대한 소유와 집착의 마음이 남아 있다는 말과 같다. 신과 같은 사람은 이런 소유의 마음이 없기 때문에 오래 살 수 있다.

성인은 이름조차도 없으니까 뭘 해도 마음의 흔적을 두지 않는다. 수명이 무량하다. 불교에서 극락세계를 주관하는 아미타 부처님의 이름의 뜻이 '무량광無量光' '무량수無量壽'이다. 수명이 한량없다는 것은 바로 이것을 말한다. 무한한 광명이자 빛이며, 인간의 나고 죽음을 초월한 상태로 계시는 것이다.

자, 대단원이다.

나바호족의 '마음을 가라앉히는 마법의 노래'를 선물로 드린다.

네 발을 꽃가루처럼 내려놓아라.
네 손을 꽃가루처럼 내려놓아라.
네 머리를 꽃가루처럼 내려놓아라.
그러면 네 발은 꽃가루, 네 손은 꽃가루, 네 몸은 꽃가루,
네 마음은 꽃가루, 네 음성도 꽃가루,
길이 참 아름답기도 하고 잠잠하여라.

보경 스님의 **희로애락** 세상보기

이야기 숲을 거닐다

초판 1쇄 인쇄| 2010년 7월 10일
초판 1쇄 발행| 2010년 7월 20일
초판 2쇄 발행| 2010년 8월 30일

글 쓴 이|보경 스님
펴 낸 이|윤재승
펴 낸 곳|민족사

책임편집|김창현
마 케 팅|성재영
관   리|윤선미
디 자 인|윤용주

등록| 1980. 5. 9 (등록 제 1-149호)
주소| 서울시 종로구 수송동 58번지 두산위브파빌리온 1131호
전화| (02)732-2403~4
팩스| (02)739-7565
E-mail : minjoksa@chol.com
홈페이지 : www.minjoksa.org

ⓒ2010 보경

ISBN 978-89-7009-528-8 03220